子どもを権利主体に育てる

―石橋勝治の教育実践をもとに―

植田一夫

日本標準

まえがき

石橋と私の出会いは大学の研究室である。福田敦志先生から、修士論文で石橋勝治に取り組んでみてはどうか、との提案を受けてのことだった。その後、石橋勝治が日本標準の創業者であることを知った。そうすると、私は石橋に、もう既に出会っていたことになるのである。六年の担任になると社会科の資料集を選ぶ際に、「やっぱり日本標準がいい」と教材に選んでいたのだった。今から四十年ほど前、滋賀県神崎郡能登川町立能登川東小学校でのことである。理由は何といっても中世の民衆像の描き方にある。生産力が向上し、村での共同が始まり、掟を決めて自治をつくる。その姿を近江の今堀村（現・東近江市八日市）の資料をもとに小学生に示しているのである。私はその資料集に励まされながら、中世の資料「大島、奥津島神社文書（近江八幡市島町）」をもとに地域教材を作ったのを覚えている。石橋が、その資料集にどれだけ直接的な影響を与えたかということは定かではないが、石橋の精神が、その教材集に影響を与えていたことは間違いない。「石橋と私は既に出会っていたのだ」そう思うと、石橋への関心が一層高まったのを覚えている。

私は研究の重点を次の二点に置いた。

第一に、石橋の初等教育段階からの実践を通して、子どもの権利条約五条が要請する子どもたちを「権利主体に育てる」指導の内実を明らかにすること。

第二に、石橋の戦前の実践にも焦点を当てること。石橋は一九七二年に、『戦前戦後を貫く　民主教育実践の足跡』を日本標準から刊行している。注目すべきは、「戦前戦後を貫く」ということを、書名にわざわざつけたことである。彼の実践として最も有名なものは、戦後の「四谷第六小学校の実践」だが、その実践は「戦前の実践からの流れの中にあるのだ」と主張しているのである。そのことを解明することは、第一に掲げた課題に応えることにもつながるのである。

そのため、私の研究は歴史研究の部分が多くを占めることになった。石橋は実践の多くを、『教育論叢』誌に寄稿していた。同誌に掲載された石橋の実践は著作集にまとめられているが、原典をみることに意味があると思った。岐阜大学の図書館で『教育論叢』を手に取って一冊一冊みていくことは、とても楽しい至福の時間だった。おかげで、『足跡』や『著作集』にも掲載されてない実践を、発見することもできた。私は、戦前の教育はもっと統制され自由のきかないもの、という暗いイメージをもっていた。しかし、石橋の戦前の実践を通じて、その豊かさに出会い、イメージの変更を求められることになった。それは、こんなに豊かな実践があっても、戦争に突き進んだということでもある。今の学校のスタンダード化を思うと、「今はもう戦後ではない、戦前である」という主張が説得力をもつように感じた。

この論考を通じて、「子どもを権利主体に育てる指導」の筋道についての議論が起こり、その内実が明らかになればと願うものである。

なお、主に戦前の引用文の表記については、旧漢字・旧かな表記の部分を、現在でも許容あるいは一般的に使用されている表記はなるべく残しながら、可読性を重視して、現代仮名遣いや常用漢字を意識した表記に直していることをお断りしたい。

二〇二一年六月　　植田　一夫

目次

まえがき　2

序章　今日に生きる石橋実践

一、八〇円貯めて仙台に行こう　―遠野小学校実践―　7

二、金沢嘉市が見た全校児童会　11

三、主権者教育と石橋実践の今日的意義　13

第一章　実践のはじまり　子どもとの共同の構築　―岩手時代―

1　石橋の生い立ちと実践の背景にあるもの　18

一、石橋の生い立ち　18

二、教師になっていく道　21

2　子どもの要求に根ざした教育実践への発展　29

一、郷土教育と生産教育　―学校の要求に根ざした活動―　29

二、子どもへのまなざし　33

三、子どもとの共同実践の萌芽　38

四、生産と労働の教育　―子どもたちの要求に根ざした活動―　41

五、問題児の指導　―個人指導と集団指導の統一的展開―　51

六、集団づくりの発展　―大船渡実践と遠野実践の本質的な違いに着目して―　59

第二章　挫折と再生　―東京時代―

1　時局用語で語る時代　67

一、天皇制教育の強化 67
二、教育科学研究会への参加 69
三、母親組合実践 ―実践のつまずき― 73

2 生産教育全開時代 76

一、生きるための労働と生産の実践 76
二、学童集団疎開の実態 81
三、この学童集団疎開実践の意味するもの 85

第三章 子どもを対等な学習者に育てる授業論

1 戦前の授業実践に込められたもの 91

2 戦後初の『社会科』実践 100

一、石橋社会科の位置づけ 100
二、信濃町駅 101
三、水害をどう取扱ったか 110

3 子どもを対等な学習者に育てる授業論 116

第四章 全校自治活動の発展

1 全校自治を発展させたもの 128

2 学校生活問題を解決する共同 133

一、「野球」「めんこ」をめぐって 133
二、運動会を子どもたちの手で 135
三、不良児童団の解消 136
四、上靴問題は父母と協議しながら 139

3　全校自治会の先進性と課題　140
一、「全国少年協議会」結成大会　143
二、衆議院への請願行動　144
三、「「先生方にお願い」メッセージ」とその他の取り組み　145
四、反省と将来の希望　146

第五章　子どもを権利主体に育てる指導の内実　153

1　石橋実践の本質　153
一、石橋が『戦前戦後を貫く　民主教育実践の足跡』に込めたもの　—教師再生の秘密—　153
二、石橋実践を貫くものと戦後発展したもの　157
三、石橋実践の抱える課題　—民主主義革命に参加する自治—　162

2　子どもの権利条約が求める指導　166
一、学校の現状と子どもの権利条約　166
二、子どもの権利条約に込められているもの　171
三、子どもの権利条約が求める指導のあり方　174

3　子どもを権利主体に育てる自治の指導の内実　177
一、子ども観を豊かに持つことと意見表明権　177
二、子どもを生活地位に立たせることと活動　180
三、子どもを権利主体に育てる自治の指導の内実　184

石橋勝治　略歴　191
あとがき　206

序　章　今日に生きる石橋実践

一、八〇円貯めて仙台に行こう　―遠野小学校実践―

次に掲げるのは、石橋勝治の実践からの引用である。

　高等一年の時の春の遠足でありました。僕等は向ひ山の頂上に行くのです。（中略）頂上についたら山鏡の堤防がありました。見ると汽車がホームに入って行きます。ここから見ると丁度マッチ箱のようです。だがもう三年ばかりたつと大きな汽車が通るのです。その本線がはじめて通る時はどんなだろうと話をしていました。

　お昼になったので弁当をひらきました。食べてから、今日学校から渡されたキャラメルを食べていたが、その時話が出て

「去年あの汽車で釜石に行ったなあ。」

「宿屋で面白かったなあ。」

（中略）

「今度別な所に旅行したいなあ。」

「うん。」

その時先生が「仙台に行くに五円位有れば行って来るによいぞ。」と言った。

僕等の組は元から働いて金をとって旅行するというような事は、それぞれすきでありました。そこで今年の今日からいろ〳〵の仕事をして、お金をとって旅行に行くことになったのです。

これが約八十円のお金を生産することの出来た記念の日なので、僕達には忘れることの出来ない日なのです。[1]

石橋は遠野時代の生産と労働の実践を「学級自治と生産的施設の実践―働くことを教育的に組織する―」というテーマで、子どもたちの報告七つをもとに、『著作集』に著している。その一つが今紹介した「八〇円貯めて仙台に行こう」である。実はこのタイトルは筆者が付けたものだ。原典の報告のタイトルは「学級活動の動力となった今日までの生産」であるが、この硬いタイトルからは想像できないようなユニークな実践が展開するので、これから実践を紹介するにあたり、そのユニークさが少しでも伝わることを願って、筆者が付けたタイトルを使わせていただくことにする。

この実践は、「生産と労働」でお金を貯めて仙台へ旅行に行くという、子どもの要求をもとにした実践の典型の一つで、この取り組みの結果、生活がどのように変わったのかも、子ども自身が明らかにしている。報告者は高等二年の佐々木一義。前に引用した報告は春の遠足の場面から始まっている。山頂から街並みを見下ろし、駅のホームに入ってくる列車を見た後、昼の弁当を食べ終えてくつろいでいるときの会話がきっかけで、子どもたちの取り組みが始まった。

この学級の子どもたちは、働いてお金を得ることを、自分たちの学校生活の中に取り込んでいる。初めからそのような子どもたちだったわけではない。これが石橋勝治の指導によるものであることは、これから本書を読み進めていくことで、理解していただけることと思う。

さて、ここから、八〇円貯めて仙台旅行に行くことが目標となった子どもたちの「労働と生産活動」が始まるのである。石橋は学級に分団（今でいう班）を作っている。分団は地域ごとの集まり、つまり地域班を組織していた。その分団ごとに競争していろいろな仕事に取り組んでいる。節句の頃は菖蒲をとって売り、カジカを獲って焼き、カジカでウナギを獲って売る。夏には養蚕をし、繭をとって売る。秋には栗拾いといった具合で、一二月には八〇円の目標を達成して旅行に行っている。子どもたちの力で目的を達成したのだが、この取り組みは子どもたちの生活を変えた。子どもたちがどのように変わったのか、報告者の佐々木一義が語った中から、重要なポイントが六つ浮かび上ってくる。それらを著作集から引用して紹介する。(2)

まず一つ目として「生産をして物を売る時などは言葉づかいが大切ですが、生産の為に僕等は言葉が上手になりました。」と、言葉づかいの変化に触れている。二つ目は「理科部では電池を買ってベルをすえつけたりし、（中略）生産で時計を買い、それを使用して計画を立てながら勉強しています。」と、購入した備品の勉強への活用に触れている。三つ目は「僕等は相談した結果本を買う事になりました。そして七円で三十冊ばかり買いました。なにせ自分らの汗のかたまりですから、丁寧に見るということはいうまでもありません。」と、生産の成果で図書館をつくり自分たちの労働の成果物である本を大切に扱ったことにも言及している。四つ目は旅行のことである。旅行に行けないという二人を、一緒に連れて旅行に行くことができたという成果について「その二人を僕等はとても残して行って来る事が出来なかった。そこで二人を生産で連れて行く事にして連れて行きました。それも生産の偉大さであります。勿論学級の人は生産の金で行って来たのです。」と自信たっぷりに、生産と労働をすることで学級の生活が豊かになった実感を報告している。五つ目は、生産の成果を糧に「生産のおかげで組は大変仲良くなりました。（中略）生産で級の心を一つにすることさえ出来たのです。」と、労働することで集団が形成されていくことについて述べている。そして最後の六つ目では「生産を知って僕らの組で、家業を知って手伝っている者さえ有ります。また休みなどは他の家へ行って手伝いする者さえ出ました。（中略）これからの遠野人は生産をしなければならぬ。その心構えを今学校で実行していることは将来どんなに為になるかもしれないと思います。」と、学級での生産と労働の各家庭への広がりから、遠野の将来にまで目を向けて、力強く語っているのである。

　報告のタイトルにあるように、生産活動が学級活動をめあてのある生き生きとした生活にすることが、よく分かる報告である。生産によって金銭を得ることで、勉強のために必要な本や備品を購入し、自分たちの汗で得た本や備品だから大切に扱おうという気持ちが起こっている。また、学級全員が一緒に旅行に参加するという目的を持って生産に取り組んだことで、学級全体がまとまり、みんなが仲良くなったことも大きな成果である。さらに、言葉づかいが丁寧になったり、家業のことにまで気持ちが向けられるようになったりと、大きな成長が見られる。そして何より、遠野の将来のことにまで目を向けることができるようになったということは、子どもたちが自分自身の将来を真剣に考えるようになった証でもある。

　ここに登場する学級は、高等一年の男組である。それは遠野中学校に行けなかった「残りくず」と「かす」

と言われた子どもたちの組だ。先輩教師からは「いくらやってもだめだから、持たないほうがいいですよ」と言われた学級だ。五月三十一日だから受け持って約二か月で、こんなに子どもたちが生き生きしている。この実践は、春の遠足の時の様子を示している。石橋は「くずとかすの学級」と言われた学級を受け持って一か月余りで、目標に向かって積極的に取り組む学級にしていることが分かる。この学級は一年半後には、岩手県全体に「遠野教育の実際」[3]を公開した時の中心的な役割を果たす学級へと成長する。これは「八〇円貯めて仙台に行こう」という実践であるが、現代の教育から見ても新鮮なものがある。五円あれば仙台に行ってくることができるという石橋の助言に、子どもたちは生産と労働で応えるのである。自分たちの生産と労働で稼いだ儲けで旅行に行こうというのである。現代の教育において、多くの学校で現金を扱うという実践ができなくなっている。ましてや、子どもが「稼ぐ」、子どもが「儲ける」など考えられない。そんななかで「子どもが働いて稼ぐ」「子どもが儲ける」などを実践の柱にして子どもたちがどのように成長していくのか、子どもたちの成長にとってどんな意味があるのか考えてみたい。

　このようなとても大きな成果を上げた生産の実践だが、そのきっかけが「八〇円貯めて仙台に行こう」というユニークな取り組みであったことに、石橋の実践に対する関心を掻き立てられる思いである。

二、金沢嘉市が見た全校児童会

ひとり四谷第六では、実に溌溂とした意欲が全児童にみなぎって、自分らの生活を如何に開拓していくかという真剣な討論が行われていたのである。六、三制の問題、窓ガラスの問題、二部教授の問題等……いわゆるお花を飾るヨイ子らでは想像のできない現実生活の面へぐんぐんと喰いこんでいく逞しさ、子供は単なる子供ではなく、もはや、りっぱに人間を宣言しているのである。しかも溢れるような純粋さをもって……。[4]

これは金沢嘉市が、一九四七（昭和二二）年三月に四谷第六小学校で行われた「全国少年協議会」結成大会の様子を、石橋の著作の書評として一九四八（昭和二三）年九月発行の『あかるい教育』一四号に書いたものである。その金沢が見た「全国少年協議会結成大会」の映像が、日本映画社が製作した「こどもニュース　Ｎｏ・６」に『こどもの声』というタイトルで記録されている。その映像をもとに、当時の子どもたちの様子を再現してみる。

講堂に子どもたちが集まり、演台には議長と副議長の席が設けられ、大きく「進行」という表示がある。記録席もあり、その後ろにはプログラムも掲げられている。ステージ奥には大きく「全国少年協議会結成大会」とあり、その横には大きな垂れ幕に「六三制を四月から完全に実施して下さい」「つゆまでに安く丈夫な雨具を下さい」「今すぐに窓ガラスを完全に入れて下さい」「よろこんで勉強出来る学用品を」「必らずなくせよ二部教授」「安くて丈夫な運動靴を」「学校美化に丈夫な掃除道具を」という七つのスローガンが掲げられている。多数の子どもが手をあげ発言を求め、議長に指名されて発言する子どもは手ぶりや身振りを交えて堂々と大きな声で発言している。六・三制についての、子どもの発言を聞いてみよう。

それには、今までのように、頭の悪い人でもお金持ちの人は、お金の力によって中学へ入ったり女学校へ入ったりしました。そして、頭は非常によいのですが、家が貧しいために入ることのできなかった人はたくさんいました。ですが、六・三制になったからには、四月から必ず実行してください。(5)

当時政府は六・三制を打ち出したものの教員と教室が確保できず、子どもたちを一部と二部に分けて授業することでしのいでいた。また、学校施設は十分ではなく窓ガラスが割れ、冬は寒風が教室に入ってきた。雨具がないために雨の日は登校できない子どもたちもいた。

この結成大会では「これらの問題は子どもたちだけでは解決ができないので、先生や父兄にも協力をお願いする意見で一致した」という。このことはすぐに実行に移され、約二〇〇〇人あまりの東京の子どもたちと先生方や父兄も一緒に、皇居前広場に集まって政府に交渉することになった。

戦争の反省に立って民主教育をめざした短い時代、学習指導要領もなくまさに教師が自由に教育を創造できた時代にも関わらず、少数の進歩的教師によって実践されていたのである。だから、金沢はこの石橋実践を「学校を生きた社会と同じ位置におき、児童を生きた社会を組織している一員とし、その基本的人権を認め、そこから出発していくところの正しさは、心ある者には大いに賛意を表することができたのである。」(6)と高く評価している。

三、主権者教育と石橋実践の今日的意義

石橋の実践の内、戦前の実践から一つ、戦後の実践から一つ紹介した。両実践共に子どもたちが生き生き

している様子を実感していただけたと思う。

さて、筆者は大学で生徒指導論を担当している。その中で学生が語る生徒指導のイメージの多くが、「怖いというイメージしかない。何か悪いことをしてしまったら放送で生徒指導部屋に呼び出され怒られてしまう。それが日常茶飯事に続いた。」「頭髪や服装のチェック、また、ピアスや濃すぎるメイクなど見た目についての指導がたくさんあった。少しでも規則を破ると生徒指導部屋に連れていかれて怒られた。教師は必ずと言っていいほど怒ったあとに「社会はそんなに甘くないからな、お前のために言うねんぞ。」と優しく言ってきた。」というものである。今ある社会の誰が決めたかも分からない校則に当てはめられて育ってきている姿がそこにある。学生たちに当時のことを振り返りながら現在の気持ちを聞くと、その時は嫌だと思っていたが、「今になって思うと、就職活動や大学での実習などで身だしなみを整えることの大切さを感じることが多くあった。」とか、「今となっては受けるべき指導だったのではないかと思う。社会について学べることは大きな財産になると今になって感じる。」という思いが返ってくる。ここには、社会に適応するという考えはあっても、今ある社会を変えていこうという考えは見られない。

今あげた学生の事例は、一九九〇年代から二〇〇〇年初頭にかけて、子どもの権利条約をめぐる議論が活発に行われていたころに提起された課題が今なお残されていることを示している。その課題とは、藤田昌士氏が指摘した「子どもの人格支配としての「指導」を克服し、子どもの権利保障としての指導をどのように創造していけばいいのか」という課題である。[7] この課題について当時議論されたが、不十分なものに終わり、教育現場にあまり浸透しなかった。そのため、子どもの学校参加を積極的に進め、子どもたちと共に目の前にある課題を解決していこうとする教師の指導性を確立することができず、いじめの陰湿化や不登校の増加、学級崩壊状況が進行する閉塞的な学校状況を生みだしてしまったのである。ここで学生が語った生徒指導は、まさしく「人格支配としての「指導」」であり、藤田氏が指摘した状況を克服できていないのである。このような学校状況を打開するためにも、今、改めて初等教育段階からの子どもを権利主体に育てる系統的指導の解明が求められている。

　これらの課題に対して、最も自覚的に実践した人物として、戦前・戦後を通じて子どもの参加と自治の実践を生活と学習の両面において繰り広げた石橋勝治がいる。石橋は初任校の大船渡尋常高等小学校で、郷土教育において黄金時代を作った人物として、同校の一〇〇年史に残る一人である。石橋は戦前、生産活動に土台をおいて自治活動を作り上げる。その実践は地域に根ざした学習活動や生活を綴らせ、真実をみつめさせることに基盤を置いていた。そして、戦後は、四谷第六小学校の全校自治会の実践を誕生させている。この実践は、二〇〇〇年代に高校現場を中心に発展した三者協議会の、先駆的実践として注目されてきた。

　四谷第六小学校の実践が注目を集めるのは、この実践に登場する子どもたちが、金沢が言うように「現実生活へぐんぐん喰いこんでいく逞しさ」をもち、そこでは「子どもは単なる子どもでなく」もはや立派に「人間を宣言している」からである。そして、日本教育新聞第一号で必要性が説かれた「学校は国家による上からの働きかけの教育機関であるから「人民の自主的な下からの働きかけ」がなかったら、従来のような官僚的な画一的な教育になってしまう」という呼びかけに応える実践であることは間違いないからだろう。[8]しかし、この石橋の実践は、戦後になって突然に現れたものではない。戦前の生活や学習における参加と自治をめぐる石橋の実践がその土台をなしている。だからこそ、戦前戦後一貫した参加と自治に対する石橋の考え方や子どもや地域に根ざした豊かな活動論、組織論、公立学校の初等教育段階の参加と自治の指導のあり方を明らかにし、子どもを権利主体に育てる自治の指導の内実を明らかにしたい。戦前・戦後の石橋の教育実践を一続きのものとしてとらえるとどんな景色が見えてくるのか。その景色の中に藤田氏が提出した「子どもの人格支配としての「指導」を克服し、子どもの権利保障としての指導をどのように創造していけばいいのか」という課題を解くカギが見えてくるのではないか。

〔序章・注〕

（1）石橋勝治『石橋勝治著作集　第二巻』あゆみ出版、一九八四年、二二四〜二二五ページによる。

（2）引用は六点とも、同書二二八〜二二九ページによる。

（3）この「遠野教育の実際」というのは、一九三八年一〇月に岩手県下に向けて開かれた公開研究会のことを指す。一九七二年に日本標準から刊行された石橋勝治の著書『戦前戦後を貫く　民主教育実践の足跡』によると、「三田校長をはじめとして遠野小学校の教師たちは、遠野教育をここまで建設したのであるから、この段階でその実態を県下の全教師に公開し、批判をあおごうではないかということに決定した」（二六〇ページ参照）となっている。さらに「学校公開後は毎日のような参観人で説明するのに大変であった」（同書二六二ページ参照）とも書かれている。

（4）金沢嘉市「「子ども自治会の指導」独語感」雑誌『あかるい教育　第14号』明かるい学校社、一九四八年、二八ページによる。

（５）この子どもの発言は、日本映画社製作による『こどもニュースＮｏ・６』所収の「こどもの声」というニュース映像による。
（６）金沢嘉市　前掲書　二八ページによる。
（７）本書　一七五ページ（第五章２・三）を参照。
（８）本書　一二九ページ（第四章１）を参照。

第一章　実践のはじまり　子どもとの共同の構築　―岩手時代―

1　石橋の生い立ちと実践の背景にあるもの

一、石橋の生い立ち

石橋勝治は一九一一（明治四四）年に岩手県大船渡市赤崎町蛸の浦の半農半漁の家に生まれる。農学校に入学した石橋は実習を通して「自力更生」を学び、農業と農村の危機を感じていた。

岩手県師範学校本科二部に入学した石橋は、教育学の教授千喜良英之助と出会う。千喜良は教科書にデューイの「教育哲学概論」を使い、授業の中で徹底的に調べさせる人だと石橋自身が振り返っている。千喜良は石橋卒業後、師範学校を小さな社会として再編し、校内に豆腐屋や床屋を設け、県知事に嫌われ沖縄へ転勤させられたほどの人だ。だから、石橋は「行動重視の思想」や「学校を社会改造を準備するものとして組織する」といった、デューイの進歩的な側面を受け継いでいる。さらにそれだけではなく、千喜良の当時としては型破りな言動や、実生活を通して学ぶ授業に引きつけられ、学んだことは自分の生活とつながっていると、学習の面白さを実感している。これがこれから見ていく、石橋が実践するときの原体験として位置づいているのではないか。

しかし城丸章夫氏は、石橋の実践は単にデューイ主義では割り切れないものがあるとして、この項でも取り上げる大正自由教育批判にも垣間見える石橋の勤労主義、あるいは農業主義的主張の存在を指摘する。そして、「何人にも頭を下げなくてすむ独立自営の農民となる願いであり、これを基礎にした自治の村々、町々という夢である。石橋は、農民のこのような主張や願いを下敷として、その上にデューイの哲学観・教育観・学校観を重ねたものとみてよいだろう」[1]と分析する。

もう一つ影響を受けていたのが郷土教育である。このことについては城丸氏が『石橋勝治著作集』で述べているので、その文章を要約引用して以下に紹介する。

> わが国の「郷土教育」の運動は、一九〇三（明治三六）年、東京高等師範学校付属小学校に、正式に「郷土科」が設置されたことが出発点とみてよいであろう。
>
> 大正期自由教育運動は、多様な理論と実践とを生み出しつつ、当局の弾圧の下に次第に変質をとげ、思想的には生活教育、労作教育、体験教育等の思想を生き残らせていった。また、自由教育が提起した思想や教育方法が、農村や都市の貧民地区の教師や学校にひろがるにつれて、地域住民の生活に根ざした教育というものが、教師たちの要求となっていった。
>
> 昭和期の「郷土教育」の主張は、「生きた社会」を問題にしなければならないという問題意識を持っていた。共通に取られた教育方法は、郷土の歴史や文化を調べること、産業や生活の実態を調べること、郷土産業の実習をさせること、郷土社会への奉仕活動をさせること等であった。過去の教育方法から見

れば一定の進歩性を持っていたと同時に、労働者・農民の生活状況に対して、各自が努力をすることの重要性と郷土愛を植えつけることによって地域社会の階級的分裂を阻止しようとするねらいとを持っていた。

文部省は、一九三〇（昭和五）年からは、各府県師範学校に郷土研究施設費の交付を開始、一九三一（昭和六）年一月には師範学校規程を改正して「郷土教育」の実施を法的にも容易にした。

右の規程を総合的にとらえてみると、明らかに労働者・農民運動や社会主義運動に対する思想対策と、その経済的対策としての「自力更生」政策とを前提とした教育政策である。

わが国の文部省は、戦前も戦後も、社会的事実を事実として子どもが認識することを危険視するという特色を持っている。従って、石橋の「郷土教育」のように、地域の労働や生産について、真面目に事実を調査研究させるような教育実践は、県当局から見れば、よくやってはいるが、注意して見ていないとどこへ進んで行くか分らない危険な教育だと見られていた。(2)

石橋は、ややゆがんだ形での郷土教育が広く行われる中で、大船渡尋常高等小学校に赴任することになる。石橋の郷土教育は城丸氏が言うように、地域の労働や生産について真面目に事実を調査研究させるような教育実践として、結実していくことになる。

こんな中で、石橋の子ども観は徐々に形成されていく。その特徴を中内敏夫氏が『石橋勝治著作集』の解説の中で述べているので、長くなるが引用してみる。

石橋は「一般的に見て児童性のよく織り込まれている教科は児童が興味をもって学習する」といっ

て、教材選択、教科指導のうえでの「児童性」を考慮にいれることの必要を説く。これぐらいのことは、一九三〇年代にもなればだれでもがいっていたことだが、石橋のばあいその「児童性」のとらえ方が特徴的である。石橋によると、それは、大人たちがもう見失ってしまっていても子どもの間には伝えられているその「原始性」のことである。

「私が児童の原始性を問題にするのは児童各自の心理と子供の領域とを知り、児童の本質の姿を失わざる様生活させたいためである。」

かれの「児童性」は人間性の「原始的な生活」であって、そのころはよくいわれていた「童心」ではない。石橋のような「児童性」のとらえ方は、そのころでは、児童の村小学校にいた野村芳兵衛や小砂丘忠義らがいっていたことである。[3]

石橋は、師範学校を卒業し、半年の兵役を経て、一九三一（昭和六）年九月に大船渡尋常高等小学校に赴任している。

二、教師になっていく道

師範学校を卒業し現場に赴けば「教師」になるのではない。子どもたちと出会い、教師集団の中で今まで学習していたことを試してみて、失敗などを繰り返し、学び合う中で「教師」になっていくものだ。石橋の場合はどうだろう。一九三四（昭和九）年一一月の「尋一児童の原始性瞥見」を皮切りに実践記録などを多数寄稿した雑誌『教育論叢』の場が「教師」になっていく一つの道と考えられる。

雑誌『教育論叢』については、『教育関係雑誌目次集成』に次のようにある。

> ①第一巻第一号、大正七（一九一八）年十二月十八日付〜第四六巻第三号、昭和十六（一九四一）年九月一日付。
>
> ②文教書院
>
> （中略）
>
> ④（中略）臨時増刊を含め全二七三号を確認している。（中略）紙面は「論説」「研究」「思潮紹介」「雑録」で構成している。学説、理論方面に重心置いた教育雑誌である。（中略）創刊時から河野と共に編集に携わってきた瀬川頼太郎が河野に替って中心となった昭和五、六年あたりから、本誌は集団主義教育の特集が組まれるなどの点で変化している。この変化を「書斎の中の論叢から、今や直に教育戦線に乗りだした論叢」と一読者は評している(二九巻三号)。執筆者も研究者層中心から小学校の訓導等が多くなっている感があり、一時集団主義の機関紙的な性格を帯びたが、全体としては理論的論稿が基調の雑誌であったと思われる。（後略）[4]

『教育論叢』は賛助員として、京都帝大助教授・和辻哲郎、前千葉師範主事・手塚岸衛、奈良女高師校長・横山栄次、文部省督学官・森岡常蔵など五〇名が名を連ねている。この雑誌は基本的に文部省や師範学校の支持を得て発行されたものだが、誌上での議論はある程度許されていたのではないか。誌上には「原稿募集」や瀬川の集団主義と異なる主張も掲載している。子どもをどうとらえるか、教科をどう教えるか、学級経営をどのように行うか、親をどのように援助するかなどが『論叢』誌上で展開された。

ここに登場する瀬川頼太郎は石橋に大きな影響を与えた人物である。どのような人物か瀬川について書かれた文書を見てみると「瀬川は、愛媛県に生まれ、准教員から正教員までを検定で合格した立志伝的な人物であり、郷里及び東京で長期にわたり教員生活をした後、（中略）河野清丸と共に『教育論叢』を創刊した。」[5]とある。

瀬川自身が編んだ『教育資料　子供の聲』には、恩師の山口小太郎をはじめとする一〇人が批評者として登場する。彼が批評を依頼した一〇人はどんな人物だったのだろう。その中には、総合学習の先駆けたる「飛鳥山遠足」（一八九六年）を実施した樋口勘次郎がいるし、小学校国語教育に多大な影響を与えた芦田教式を創始した芦田恵之助も名を連ねている。つまり、批評者たちはみな明治期に大正新教育につながる教育実践を作ってきた人たちだということができる。教育内容においては、教師中心の画一的教育に対抗し、生活綴り方教育のように、実生活を綴ることでものの見方、考え方を育てるような児童中心主義に立脚するものであった。この大正新教育は、一九二一（大正一〇）年の「八大教育主張」講演会などで頂点に達したと言われている。その八大主張の一つに瀬川と共に『教育論叢』誌の編集に関わった河野清丸の「自動教育論」が位置づいていることは、『教育論叢』と瀬川の位置をよく表している。

樋口は瀬川のことを「君は児童については天賦の同情と、自発的の興味とを持っており、その観察眼も天才的であるらしい」[6]と評している。この樋口による瀬川の評価は、「書いたことは断片的で連絡も何も無いようであるけれども、その中の或るものは、心の閃きがあって、この閃きを辿って行くと、心の奥底に横たわって居る行為の源泉となる所の根本思想を知ることが出来るような気持ちがする」[7]という、瀬川自身が『教育資料　子供の聲』に書いた、序の言葉に現れている。

また、瀬川は『教育論叢』誌に掲載された福井正一の「学級の布石」に対する実践評で、記録の書き方の意義を「観察者の主観を交えることなく、現実の姿を有りのままに具体的に書くべきだとおもいます。例えば「学級の誰にも彼にも影響を与えた」事実があったとすれば、その影響を、影響を受けた人の活動をもってあらわすのです。」[8]と、子どもを絶えず観察して、その具体的な姿を客観的事実として記録することの必要性を指摘している。

ここに示された実践記録の書き方は、現代の私たちが理想的な書き方として追求しているものである。なぜなら、瀬川がここで取り上げた例に沿って述べると、「学級の誰にも彼にも影響を与えた」ということを主観的に述べるよりも、「AはBに語りかけBは行動を起こした」とか、「AはBと一緒にDの苦手な学習の援助をした」とか、という事実を示すことが、実践記録としては大切であるということである。読者が示された事実を見て、Aは「学級の誰にも彼にも影響を与えた」のかどうかを判断するということなのである。

さらに、『教育論叢』での以下の発言も瀬川の考え方をよく示している。

一九三一（昭和六）年五月号の巻頭言「小学児童の活動とその指導」であるが、瀬川の発言を引用しながら見ていきたい。

「彼等をして十分に活動せしめんには、彼等を鼓舞するに足る問題を与えなければならぬ。」[9]として、第一に「学校管理に於ける児童の活動」を示し、「(イ)学級委員学校委員その他各種委員の選挙及各種委員会の開催。（ロ）実社会に最も緊密な交渉を有する教材の選択」(10)などを挙げ、第二に「学校内に於ける経済活動」を示して「学用品の消費組合、営養食、貧民学校に於ける給食に関するもの」(11)などを挙げている。

瀬川は子どもたちに十分な活動を保障するために「彼等を鼓舞するに足る問題を与えなければならぬ。」と言っていることが重要である。子どもたちがこれは面白いと思い、学習活動に食いついてくるような教育内容を、子どもたちに提起しようと呼びかけている。それを、現代の教育でもなかなか子どもたちが踏み込めない活動領域である、学校管理の問題や経済活動に求めている点が優れている。このように考える背景には、これぐらいのことは子どもたちに任せても十分できる、という子どもたちへの信頼が土台にあることが分かる。また、活動領域の拡大を実生活との関係で考えていることも分かる。実生活とは身近な生活の中に起こっている様々なことであり、当然子どもたちの関心も高いし、取り上げて教科の学習などが進んでいくと実生活の中の事実を想起させるので学習はより分かりやすく、しかも面白くなるのである。

実生活という点では、一九三一（昭和六）年八月号の巻頭言「民衆の意志と学校教育」も注目に値する。こちらも瀬川の発言を引用しながら見ることにする。

今の中学なるものは、（高等学校は事実上純然たる）上級学校への予備であり階段であって高等普通教育を教えるところではない。（中略）中学校に於ける英語数学は、果たして民衆生活の要求するところか。今の中学に於ける地理歴史理科の内容は彼等にとって必須知識であるか。（中略）彼が勤勉努力して優秀なる成績を挙げれば挙げるほど、彼は世間から遠かる《（原文ママ）》。即ち彼は勤勉努力すればする程世間的には暗くなる愚暗になる。(12)

瀬川は、学習内容が生活の必要から編成されているのかを問題にしている。教室にいる子どもたちにとってその学習は生活していく上で必要なのか、今の生活を豊かにしていくものなのかということである。それは、教育は将来のための準備教育ではなく、今を豊かにするものでなくてはならないということを示している。準備教育はやればやるほど「世間から遠ざかる」。つまり、世間とは自分が住んでいる地域である。若者がその地域から離れていってしまうことに、学習と現実生活との関係から警鐘を鳴らしている。

　さらに、波多野寛治と斎藤喜博の対談の中で瀬川頼太郎のことが取り上げられている。その中で波多野は「日本における自由主義教育は、（中略）小ブルジョアの教育だと思います。農民なんかにもってこられない教育ですよ、生活教育というのは。」[13]と述べている。しかしこの当時、このような教育ではだめだということに気づいて、プロレタリア教育に接近していったグループがあった。そのことについて波多野は「瀬川さんとか山下徳治とか、そういうジャーナリストの影響を通じて、そっちへ行ったわけです。」[14]と解説している。つまり瀬川や山下は、生活教育を当時貧しい暮らしをしていた農民たちの教育としてふさわしいものに作り出していたということである。そして大正期の自由主義教育の中での瀬川の位置づけを明らかにしたうえで、「日本にほんとうの意味での民衆のための教育を打ち立てるために、非常に骨を折った、大事な結び目になる人ですね。」[15]と評している。

　この後、石橋がこの瀬川が編集する『教育論叢』とのかかわりを深めていくことになるが、それはとりもなおさず、瀬川の生活教育に対する考え方、言い換えれば、「民衆のための教育」の影響を強く受けることになるのである。

石橋は大船渡小時代、『教育論叢』に原稿を三つ載せた三か月後、『教育論叢』の一九三五（昭和一〇）年一月号に「主なる教育雑誌、特に『論叢』について」というテーマで寄稿している。それをみると、石橋勝治と『教育論叢』の関係が良く分かるので、一部を引用して紹介する。

> 論叢誌を受け取るとすぐその概観を眺めました。帰校後午後七時より午前二時までかかって殆どはじめから終りまで読破いたしました。一休みもしないで読みました。十一月号から見ると断然躍進振りを見せて居ります。ただ、形式的な学級教育の意味でなく真実に生きた現実の児童の動くその中に於いて子供を教育して行こうという傾向が新しい意識と共に台頭して来た事は断然論叢誌に光彩を添えたと思って居ります。（中略）論叢誌が吾々の考える事を現実の児童を対象として学級集団の教育環境に於いて見ようとする傾きを持ったことをよろこばしく存じて居ります。[16]

このように、『教育論叢』を高く評価し、自分の実践を世の中に問う場にしていったのである。

また、一九二〇年代の大正自由教育は、一九二四（大正一三）年に池袋児童の村小学校が開校されているが、児童の村小学校の全盛時代を少し過ぎていた時期でもある。石橋は、実際に教師になってから視察に訪れ、児童の村小学校の訓導野村芳兵衛たちが中心となって発行した『生活学校』に何回か原稿を寄せている。

前出の城丸章夫氏は、石橋の『著作集』に次のような解説を書いている。

> 一九三〇年代の教師たちは、二〇年代の自由教育運動が権力的に抑圧されるのを、そば近くで見ていた。自由教育運動が良家の「お坊ちゃん、お嬢さん」の教育であって、泥臭い農民や貧しい労働者の子弟にとっては、どこかしら生活から遊離した教育だということも実感していた。しかしそれは、教育者

のひとりひとりの自主性を強く主張した運動であり、それまでの教育のような子どもたちを取締り軍隊的画一主義をやめることによって、子どもたちがどんなに生き生きと活動するものか、学力がどんなに伸びるものであるかを実証した運動として、広く教師たちに深刻な影響を与えたことは、否定できない事実である。(17)

城丸氏が単に「大きな影響」と書かずに「深刻な影響」と表現したのはどうしてだろう。石橋が教職に就いた年は一九三一（昭和六）年、まさしく一五年戦争が始まった年である。軍国主義教育の嵐が吹き荒れる中に、児童中心主義の側に身をおいて船出していく石橋の姿を重ねたのであろう。

そして、石橋は「わたしたちは新しい教育を打ちたて、教育改造をしようという教育研究に熱意のある進歩的な先生方の、教育研究のための機関誌「教育気仙」を発行して集まりを持って研究した。この頃の中心メンバーはわたしと、加藤将、柏崎栄、佐熊博等の諸先生であった。」(18)と語っている。また、鈴木道太ら宮城県の生活綴方教師グループとの交流の記録もある。

つまり、サークルを作り地域で機関誌まで出して共同研究を積み重ね、現場での実践を作り上げる努力をしているのである。また、一九三五（昭和一〇）年には、東京の「児童の村小学校の生活教育」「瀧野川小学校の合科教育」など先進校を視察し学んでいる。

石橋の実践には柱が三つあって、一つ目の自治の指導はデューイや千喜良氏から学び、二つ目の集団主義については『教育論叢』から、三つ目の郷土教育は郷土教育連盟（一九三〇年結成）の機関誌『郷土』に学んで、仲間とサークルを開き議論し合い夢を語り合いながら、これから詳しく見る太くて短い実践をエネルギッシュに作っていったのである。

2　子どもの要求に根ざした教育実践への発展

一、郷土教育と生産教育　―学校の要求に根ざした活動―

石橋は一九三一（昭和六）年大船渡尋常高等小学校（以下大船渡小学校という）に赴任した。このころは、一九二九（昭和四）年に世界大恐慌が起こり、日本も不況のまっただ中にあった。その上、石橋が教師としての生活をはじめた東北は冷害に襲われ、一九三二（昭和七）年には、農漁村の欠食児童[19]は二〇万人を突破するという状況にあった。

石橋は赴任するとまず、地域をどうとらえるかから実践を始めている。地域分析の結果、大船渡は漁港の町で漁業と畑作をする農業の町と位置づけ、この立地を生かして教育の重点をしぼっているので、番号を付けて次のように整理してみた。

①工作の作業による工作生産の教育
②漁業および漁撈方法、海産物の加工業生産の教育
③農業生産による教育[20]

重点は、この三点である。

このように地域の実態を調べ、そこから教育実践の柱を立てようとする姿勢は、郷土教育から学んだものである。

そこで、石橋が大船渡小学校で、重点を置いて取り組んだ生産と労働の教育についてみることにする。生産の実践については、詳しく記録の残っている生産学習「ほうき」でみる。[21] この学習は表1のように五つ

【表1 「ほうき」の学習】

視点	テーマ	内容
①	目標と手順	目標決定・手順・作業感想
②	生産材料の学習	材料の黍の植物としての成長、栽培方法、栽培地域、家庭での必要度
③	共同学習の力でできた製品	個人作業と共同作業の比較、製品の行方（市場・学校・家庭）
④	世の中との関係	世の中と製作との関係、共同の力は役立つ
⑤	働く意味、自分の仕事の振り返り	自分の家庭生活の中にどう位置づくか、学習全体の振り返り

の視点で行われている。

作ったほうきは実際に学校で使っているし自分たちの家庭でも使っている。そして、さらに売っているのである。この学習に参加した子どもたちは次のような感想を書いている。

> わたくしたちは「ほうき」を作った。たくさん作った。上手なのや下手なのをたくさん作った。作ることは面白かった。ほうき作りの学習もした。
>
> 作ったほうきは売ったり、学校で掃除に使ったり、みんなの家でも使った。たしかに役立った。ほうき作りを通して世の中の人のくらし、家のくらしがよくわかった。[22]

この実践は、「原料はどのように育つか」という学習から「製品を作り」「売るということで商品にする」ところまでを扱っている。この学習は第一次産業から第三次産業までを視野に入れている。さらに、商品とすることで世の中との関わりまで学習の中に含みこんでいる。「売る」という行為は自分たちの作ったものの質が問われることになる。つまり、労働の質が問われる学習になっているということである。子どもたちが、世の中のくらしがよくわかったという感想を持つことができたのは、労働の質が問われることを経験したためである。この後、子どもたちは「手拭掛け」「金網」「うちわ」「本立て」「鳥かご」「ちりとり」「くけ台」「釜台」「玩具」の製作に取り組んでいる。これらを見ていると、自分たちが使うものを自分たちで作るという自給自足に基本を置く実践であるということができる。

大船渡小学校の実践で取り上げる二つ目の実践は、三陸を襲った津波についての労働の実践である。高等二年の報告者が労働の活動の中から特に取り上げた実践だからここで取り上げるのである。その学習について報告者は序文で、「われわれは働けるだけ働いた。働くことを体験した。働くことによって種々のことが生まれた。働かなければ食べて行かれない。働くことによって生きた学問ができたのだ。われわれの働きは心と体が一致してできた学問であった。」[23]と述べ、三月の津波について、「われわれにとっては偶然のできごとであった。われわれの力を郷土復興に役立てようと援助作業に進出した。六十人の手の力で働いた跡はたしかにはっきりした。われわれの心は町と一緒に猛進した。」[24]と書いている。ここから子どもたちが自分たちの働いたことが役に立った、郷土の復興に自分たちも関わったという確信が見て取れる。そして、石橋は地域に何か起こったときに傍観者にはならないぞということを、この実践を通して教えている。決して見逃さないし、自分たちが労働したことがあるからこそ、働くことが自分たちの住んでいる地域にとって、どんな意味があるかが子どもたちに分かっていくのである。

　この他、石橋が労働の実践として位置づけているのが、「欠の下部落の火事」「学校裏の土地を郷土模型に」「校庭の植木の下を芝生に」「道路清掃」「校庭の修理」「校庭の植木」「砂箱造り」「学校裏の花壇」などと題する労働である。これらの実践は「ほうき作り」も「津波支援」も「植木の下を芝生にする」ことも、「道路清掃」も「校庭の修理や植木」も、およそ子どもたちの要求からのものではない。これらの生産と労働の活動は、教師や学校の必要から教師の強いリーダーシップで行われた実践だということができる。

二、子どもへのまなざし

石橋は教師として大船渡小学校へ赴任した当初、子どもたちをどのようにとらえていたのだろう。そのいくつかの場面を切り取って、そこから分かる子どものとらえたかについて考察してみたい。以下、石橋の実践を『著作集』から引用しながらとり上げていく。

一つ目に、尋常一年の子どもたちを指導した読方科の「アサヒの課を通して」の中で、子どもの原始性についての重要な指摘をしているところである。

> 私は決して文章教育を否定するものではない。読方に於いて文章そのものは勿論重んずるが、児童性は決して文章そのものでなく、児童の心の躍動するものは自然のアサヒそのものである事を強調したい。現実的な実物直観、実際生活をさせつつ教育していかねばならぬことを主張する。(25)

石橋はこの主張通り、夜明け前に子どもたちを登校させて、日の出を見る。

> アッ出た出た
> 朝日が出た。
> あげあ（赤い）あげあ
> まっかだ
> ばんざいばんざい
> アーきれいだなあーッ、

と心のままのさけびをあげた。

このさけび、この心のおどり、朝日の昇天と共に生活する児童の心、これをこそ児童の原始性と呼ぶ。[26]

石橋は文章の中でのみ教えてはならないという。子どもたちはこんな原始性をもっているのだから、その原始性を発揮して日の出を体験する。そして、文章を読んでみる。自分の体験と照らし合わせて、その表現に納得したり、違和感を持ったりする。その思いそのものを教室で読み合うことによって、その表現を作者が選んだ理由も明らかになっていく。それは、日の出を見れば多くの子どもたちが歓喜の声を上げるだろう、そういう原始性を子どもたちは持っているだろう、と石橋がとらえていたからに違いない。

二つ目に、「カタツムリの課を通して」の中での子ども描写である。

教室へかえった児童は、各自の机の上にカタツムリを載せて歩かせていた。子供等はカタツムリを学習する事を承知である。誰も本を読もうとする子供はない。子供は本も持っている。教師用掛図も出して置いた。机上には生きたカタツムリが載っている。子供はいずれをとったか。言わずして明らかである。私の組の勉強のできない児は読書が嫌いで遊んでばかり居るが立って歩いて平気の子供もこの時は立って歩く子供は一人も居ない。どの子供を見ても自分のカタツムリの歩いているのを見ている。[27]

このように子どもをとらえると、当然、授業の進め方も変わってくる。少なくとも子どもたちが熱中しているカタツムリの観察を中断させて、本を開かせたり、掛図を見るように促したりはしない。今子どもたちが熱中しているカタツムリの観察を十分させて、観察から分かったことを絵や文で記録するように助言する。そして、子どもたちの観察でつかんだことから発言させ、その後、本を開き、掛図を見る。本や掛図に書いてあることを子どもたちが発見していれば褒め、本や掛図に書いてないことに気付いていれば大発見だとこれまた褒める。まさにこの子ども観から、子どもが主人公の授業が成立するのである。

三つ目に、「児童生活と環境」の項で、こんな町で見かけた子どもたちの姿もスケッチしていることである。

夕暮れの町を子供が二人手を繋いで面白くもなさそうに歩いて居る。その時店先のラヂオが急に勇ましい行進曲をやり出した。すると子供等二人の足どりは、期せずして軽快に調子よく動き出した。子供等は別段店先のラヂオを振り向いても見なかった。恐らく無意識と言ってもいい程、この環境的刺激が彼らを刺激したのであろう。だが成人の通行人の足取りには何一つの変調もない。[28]

町にいても石橋の目は子どもたちに注がれ、少しの変化も見逃さない。ラジオから流れてくる行進曲に合わせて子どもたちの歩調が変わる。おそらく子どもたちは行進曲に合わせ、足を大きく上げて大股で歩いたのだろう。このように、曲が流れればその環境に合わせて歩くことができることが、子どもたちの特性だととらえているのである。

四つ目に、朝礼が終わって学級花園に子どもたちと一緒に耕耘したり、苗の移植などの作業をしたりしたときのことである。石橋ははじめから、この仕事は一五〇人の子どもがやるには、仕事が足りないことを知っていた。黙っていれば子どもたちが遊びだすことも分かっていた。その上で「何も言わない。子どもの遊ぶ姿態を見たかったから」[29]と言っている。その石橋の目に映った子どもの姿はどんなものであったのだろう。

溝から引かれた細い幅五寸位深さ三寸位の滞水を排す溝なのである。長さは十二三間もあるか、それに子供等が集まって水を流していた。大きな溝から小さい溝へ流す毎に水が溢れて困るので子供等は夢中になって砂や挽き屑を運んで小さい小川の縁を水がもれないように構成していた。私は相棒に「子供はこのようにして手と足と頭を使って生活を構成しているんだ、構成しつつ成長するんだね」と話していた。

水を各所々でせきとめて一度に流すために、盛にせきとめているものもあり子供は各自の持ち場で修築していた。子供等の力でこの小川を中心にして共同の生活をしているのだ。子供の意識は小川を中心にして発展し構成されている。[30]

このように、石橋は子どもたちの姿を、「小川を中心にして共同の生活をしている」とか「子供の意識は小川を中心にして発展して構成されている」ととらえる。この項に石橋は「子供のつくる社会遊び」と名付けている。こんなイメージだろうか。大きな溝から小さな溝へ水が流れると水が溢れる。子どもたちはそれを見つけると、何とか川の形を作ろうと堤を作り出す、それでも溢れる。また、堤を作る。弱いところから、また溢れ出す。水との闘いが始まる。それを見つけた子どもたちも面白がって各々の場所で堤づくりが始まる。その輪がさらに広がる。つまり、そこには川と水の流れを中心とする社会が成立している。その社会を成立させるために喜々として遊んでいるという風に子どもをとらえているのである。

最後に「子供の心と先生の仕事」には、石橋の子どもへのまなざしがよくわかる記録がある。

今まで勉強したい等と少しも話した事のない村上正雄という子供が、平素はポケットへ手を入れて腹ばかり出して歩いている子供であったが、入学以来約二ヶ月経ての今日はじめて二時間遊び通して、他の者が遊び時間になって外へ出て終ったが、此の子供だけが後に残って教室の机に座り込んだ。

そして、「オラ勉強する」「外へ出て遊ばないの」ときいても「オラヤンタモノ」「勉強スルンダモノ」とはじめて言い出した。(31)

この記録から、石橋が少しも勉強したいと言わない村上正雄を「勉強しなさい」と一言も言わずに「オラ勉強する」というまで待ったことが分かる。しかも、二か月も待ったのである。普通の教師なら正雄の態度にイライラして勉強を促しただろう。しかし、石橋は二か月も待てたのである。それはきっと正雄の中に、いずれ勉強したいという思いが湧き上がってくるに違いないと、とらえていたのである。そして、それを待ったほうが、学習したことが正雄の身になるという、とらえ方をしていたのである。

つまり、石橋は、実際の日の出を見て歓声を上げる姿に、カタツムリを夢中になって観察する姿に、ラジオから流れる勇ましい行進曲に合わせて大股で歩く姿に、水が溢れようとするのを一生懸命堤を作ってくい止めようとする姿に、二か月待ってようやく「オラ勉強する」と言い出した子どもの姿に、無限の可能性を見出していたのである。

今まで見てきた石橋の子どものとらえ方が如実に表出されているところがある。一九三一(昭和六)年九月、初任校で着任後初めての職員会議で「子たちの訓練に関する問題」をめぐって校長と衝突するのである。

(前略)このときの校長の意見をまとめて言えば「訓練は道徳的な徳目を押しつける型でやる」という方式のものであった。

それにたいしてわたしの意見は、「子どもたちの訓練は事実を子どもたちによく見させ理解させ批判をさせて、自覚をもとにした具体的な内容と方法を持った指導でなければならない」という主張であった。[32]

新米教師が校長に対して、自信満々の反論をしたのである。そこには今まで見てきたような子どものとらえ方がある。これからどんな目的でどのような訓練をするかは話せば分かる。分かれば疑問も意見も当然出てくるし、その疑問や意見を解決して納得すれば、子どもたちは力を自分から出すというわけである。それは子どもの可能性ともいえるし、子ども信頼ともいえるものである。こんなふうに子どもをとらえるところから石橋の実践は出発しているのである。

三、子どもとの共同実践の萌芽

一九三五（昭和一〇）年九月、石橋は、四年間勤めた大船渡小学校を後に、花巻市花城尋常高等小学校（以下花城小学校という）に転勤している。花城小学校は都市部にあり、「がっちりと管理統制の取れた学校」であった。石橋は、「わたしはこのとき二十五才であったが、小学四年生を担任したので、学校全体を活動の舞台とする余地はなかった。」[33]と語り、学級のみに力を注ぐ決意を示している。そのため、『石橋勝治著作集』でも生活綴方の実践が並ぶ。また、『足跡』[34]でも学級文集『花城の子ども』を題材に実践を紹介している。城丸章夫氏も「民間の付属小学校」と言われた花城小学校では、「子どもたちが自分をとりまく日常的な生活事象を気軽に作文に書くというスタイルを生み出すことを可能にするとともに、それらの事象を〈人間関係の分析〉という方法を使って眺めることを可能にしたのである。そしてこのことは、子どもたちの〈生き方〉、あるいは生きた道徳を集団的な話合いのなかで指導することを可能にもしたのである。作文と生活指導との結びつきは、大船渡時代よりも一段と深くなったといってよいだろう。」[35]と石橋の実践を評価している。

　この花城小学校では、赴任して二年目の生産と労働の実践「実践途上にある私の尋五学級の自治組織（二）」[36]に注目する。同名実践の（一）で理論を書いた後の（二）は実践編である。『教育論叢』誌に掲載された実践記録であるが、『著作集』にも『足跡』にも収録されていない実践である。そこには子どもとの共同で自治へと向かう実践の胎動が表れている。この実践は、主に図書館づくり（月曜分団の仕事・商業）と、博物館づくり（火曜分団の仕事・農業）を内容としている。その内の図書館づくりについて触れてみる。それは、この実践のなかに、石橋の実践を飛躍させた子どもたちとのエピソードが登場するからである。

　子どもたちの「読書力と読書の栄養を豊富」にすることを目的に、図書館建設に子どもたちと共に取り組む。この図書館づくりの裏には「教師は、先ず禁止より先に、子供がそうしなければならないだけの生活の条件を与え、境遇を改善してやらねばならない」[37]という石橋の考えがある。石橋自身が「外の図書館」と称して、適当な森や眺めのいい所でお弁当を食べながら読書するのも面白いもので味があるなど、実例を示して子どもを援助し、管理は子どもたちの分団長の中から館長を選び行っている。どんな会を催すか計画するのも、どんな図書を購入するかも図書係が中心になって、学級自治会に図って決定する。係は決定に従って直接本屋に出かけて交渉して買い込んでくるなどと、自治の仕組みも作っている。

　こんな石橋にとって、この図書館づくりの時に一番問題になるのが、図書などを購入する費用の捻出だった。捻出方法は「第一次生産部面（原生産活動）」と「第二次生産部面（加工業・手工業）」の二つ。「第一次生産部面」では、ドジョウやうさぎやいたちをとること、氷ひっぱり、じゃりひっぱり、山鳩とり、豚飼い、養鶏などがあがっているが、ことごとく失敗し、「第二次生産部面」は手すら出せずに終わったと正直に報告している。そして、最後に挙げた捻出方法は、家でお手伝いした時のお金、親戚の人にもらったお金、お盆やお祭りにいただいたお金を貯金して、毎週一銭二銭でもいいから学校へ出すことになったのである。

　ここに示した通り、花城小学校での生産と労働の実践は、自力で活動資金を調達できなかったという点で失敗しているのである。しかし、この実践の中には子どもたちと共に実践を作る原点になる体験が記されている。図書館づくりの資金を捻出するときに、一つの方法としてドジョウ取りをあげているが、このドジョウ取りはどうやら子どもたちからの提案であることがうかがえる。「子供等の自信ありげな言葉に動かされて」[38]という言葉が実践記録の中にある。ここに石橋の子どもとの共同実践のはじまりをみる。

　この子どもとの共同実践のはじまりについて、石橋の思考過程をたどるようにやや詳しく分析してみると

①活動資金がなかなか生み出せない石橋に子どもたちから「ドジョウ取りをするといい」と提案される。

②石橋も子どもたちの「自信ありげな言葉に動かされて」ドジョウ取りに参加する。

③何か今までの活動と様子が違う。子どもたちが指示がなくても自ら動いている。

④取り組みは失敗に終わったが、何やら心地よい。

⑤今までの取り組みとどこが違うのか。それは子どもたちからの要求ではじめた活動だということである。

⑥教師は一人で実践をつくっているのではない。子どもたちの要求の上に活動を仕組めば、その活動は子

どものものになり、活動の質も量も変わる。そこに子どもとの共同実践への確信を強めているのである。

花城小学校の実践を石橋自身も「作文指導と生活教育を中心として（中略）まとめてみたい。」[39]と語っている。しかし、第三章1（九七ページ）で詳しく見る「子供学習倶楽部」の学習における自治とあわせてみると、この花城小学校の実践の中に、遠野小学校の生産と労働の実践を飛躍的に高めた秘密が、隠されていることが分かるのである。

四、生産と労働の教育　―子どもたちの要求に根ざした活動―

一九三七（昭和一二）年四月、石橋は遠野尋常高等小学校（以下遠野小学校という）に転勤する。遠野の町は、明治時代には岩手の有力な中心都市で、物資集散の中心交易場だったこともあり、市が立つ日はとても活気があった。そのため、町民は市日だけ働き、他の日は何もしなくてもよかったと伝えられるほどだった。しかし大正時代になって鉄道や自動車網が発展して物資の運搬方法が変化すると、遠野で物資の集散をする必要がなくなり、地勢的な状況も手伝って明治時代のような活気がなくなった。それは昭和時代になっても変わらないままだった。

このような遠野の町について石橋は、「封建的で伝統力の強い消極的な町」「町民に事業計画の気力と協働的な精神が乏しく」「廃頽して経済的に苦しむ一途を辿るだけ」「町民の個人主義と労働を嫌う昔の消費時代の伝統のために思う様にならぬ」などと分析している。

そして、このような環境に立つ教育のあり方について次の三つ（番号は筆者による）をあげて、

①生活力の旺盛な、最も協働性のある社会性を持った人間
②労働力のある積極的な動く人間
③意志の力の強い人間
の養成でなければならぬ[40]

と言い切っている。

遠野小学校で最も発展を見た生産と労働実践を見ることにする。石橋は、生産活動が人間社会を構成し成立させていると考えていた。そして、「社会生活を進め、社会を立てるものが生産活動であるならば、教育はこの「生産機構」の上に立てられるのが本当であり、「自治協働」は生産機構が中心となって動く人間生活の歯車である。」[41]と言っている。ここには、師範学校を小さな社会として再編し校内に豆腐屋や床屋を設けた千喜良の考えをやや現実的、教育的に発展させた石橋の考えが出ている。

石橋は遠野時代の生産と労働の実践を「学級自治と生産的施設の実践—働くことを教育的に組織する—」というテーマで子どもたちの報告七つをもとに具体的に著している。その報告の中に、序章で取り上げた「学級活動の動力となった今日までの生産」[42]と「自治協力の学習部の役割　図書館」、「自治生活を助ける　紙芝居の力」の三つの実践がある。これらは遠野の生産と労働の実践の特徴を表するものである。なお、「学級活動の動力となった今日までの生産」については、その活動のユニークさを伝えたいとの思いから、筆者

自身が「八〇円貯めて仙台に行こう」というタイトルを付けて、序章で紹介することにした。

まず、「自治協力の学習部の役割　図書館」について見る。

「自治協力の学習部の役割　図書館」という実践は、次項「遠野小学校での実践」で取り上げる「小刀事件」に対する取り組みの一つとして位置づいている。この実践の報告者は高等二年の高橋信雄。子どもたちがみな本が好きだということから、教師と四、五人の子どもたちが一緒に、本を入れておく箱（図書館）を作り、本を募集し、規則を定めて「図書館」の活動が始まった。そもそもの始まりは、教師不在の教室で「小刀事件」が起こったことだった。事件の後、自治会で、二度と同じような事件が起こらないようにするための話し合いを行い、「みんなが面白いと思う本をおいて、暇な時間があったら読書できるようにすればこんなことは起こらない」という結論に達したのだ。

その後、発展に発展を重ねた上、読書生活建設グラフを創設していく。その活動の特徴的なのは「面白かったか」「読書量」「文化」などを分団(班)ごとにグラフにして取り組むのである。読書カレンダーに発展して「手をなめてくるな」などの標語も載せられた。やがて秋になると、子どもたちはみな図書館の本を読んでしまった。そこで、東京から二〇冊の本を取り寄せることにした。そのための資金は、栗拾い、杉葉拾いで賄った。これが、石橋実践の「学級協働による生産」だ。二〇冊の本が届くと、本を待ちわびた子どもたちの取り合いが始まったので、学習部で、何曜日は何分団に貸す、という図書プログラムを作って、みなが争わずに本を手にすることができるようにした。正しく子どもたちは、自分たちの働いて儲けたお金で本を買うことによって、図書館を作ったのである。ここに石橋が考えていた自治協働のイメージがはっきりと表れている。

次に「自治生活を助ける　紙芝居の力」という実践に注目する。それはこの実践が後で述べる「問題児の指導」と密接な関係があるからである。この報告については書きぶりに特徴がある。この「報告」の書きぶりは、学級総会を開き子どもたちの提案する文書、いわゆる原案に容易にまとめられる書きぶりである。たとえば、最初に「目的」を掲げ、次に「由来」を述べるのだが、この「由来」では自分たちの活動を時系列で追いながら、そこに現れてきた課題を一つひとつ取り上げ、解決していく様子が目に見えるように語られている。そこでこの報告を紹介したいのだが、そのまま全文を載せると長文になるので、要約引用の形で紹介する。その際、「由来」で展開される課題とその解決の経過を文意に沿って整理することにした。なお報告のタイトルについては、目的と課題をそのまま伝えるために、「村に来る紙芝居をどうするか」とした。

「村に来る紙芝居をどうするか」

一、目的…街頭紙芝居を追い払うため

　　校外活動をうんとやらせる。

　小さい子ども達に見せて喜ばせる。

　絵をうまくする。

　近村へ巡回させる。

　みなの生活をよくする（反省・感想・疑問・まねる）。

　文芸会の援助

二、由来…高等一年の時、春の遠足で山で昼飯の時話し合った。

三、事実…街頭紙芝居。一銭ずつお金を取って一本の飴を渡して見せる。毎日来てお金を取っていくので困っている。

四、困難…絵は描いたことがあるが弁士をやるものがいない。

五、方針…区ごとに代表を出して紙芝居をやる。

石橋先生が以前にいた花城小学校から五種類の紙芝居を送ってもらう。

ジャンバルジャン、算術名探偵、探検物語、自治会

一五少年漂流記

借りた紙芝居を手本にして紙芝居を書く。

区に一つずつ必要な紙芝居の舞台は大工さんに作ってもらう。

六、実践…校外で実演　成功

街頭紙芝居は二〜三人で、後は僕らの紙芝居を見てくれた。

七、総括…無料がよかった。

あんまり遠野では儲からないので通り抜けていなくなった。

ぼく達が勝った。

八、その後…街頭活動写真も二〜三日でいなくなった。

また、街頭紙芝居が来た。いつもみな同じものばかりだから急にみなおして紙芝居を作った。

紙芝居を募集して作り、夏休みには一人で一つ作った。校外で子どもに見せ、朝起き会でもやった。

九、高等二年になって…紙芝居を各学級へ貸し出す。

紙芝居大会の開催　教室大入り満員

七分団の校外学習の様子

ペスタロッチ

図書の本から選んで書いてもらう。

紙芝居は一〇〇種類近くになった。

近村巡回…四種類やれば二〇銭。

十、成果…生活を紙芝居にすることは進歩した。絵がうまくなり、反省、感想、疑問を持つようになり、人々の頭もよくなった。[43]

この実践からいつも村で起こっていることが学級で話題になっていることが分かる。そのような中の一つが、遠足のお昼ご飯の時に村の困りごととして急浮上する。村の生活はそんなに豊かではないのに、村の子どもたちが紙芝居と飴一つで毎日一銭とられていくのがたまらなく我慢できない。おそらくそこには家庭で話す父母の思いの反映がある。そこで「街頭紙芝居を追っ払う」という目標ができる。

石橋はこの話が子どもたちの中で持ち上がった時、この取り組みを展開すると、子どもたちが社会に働き

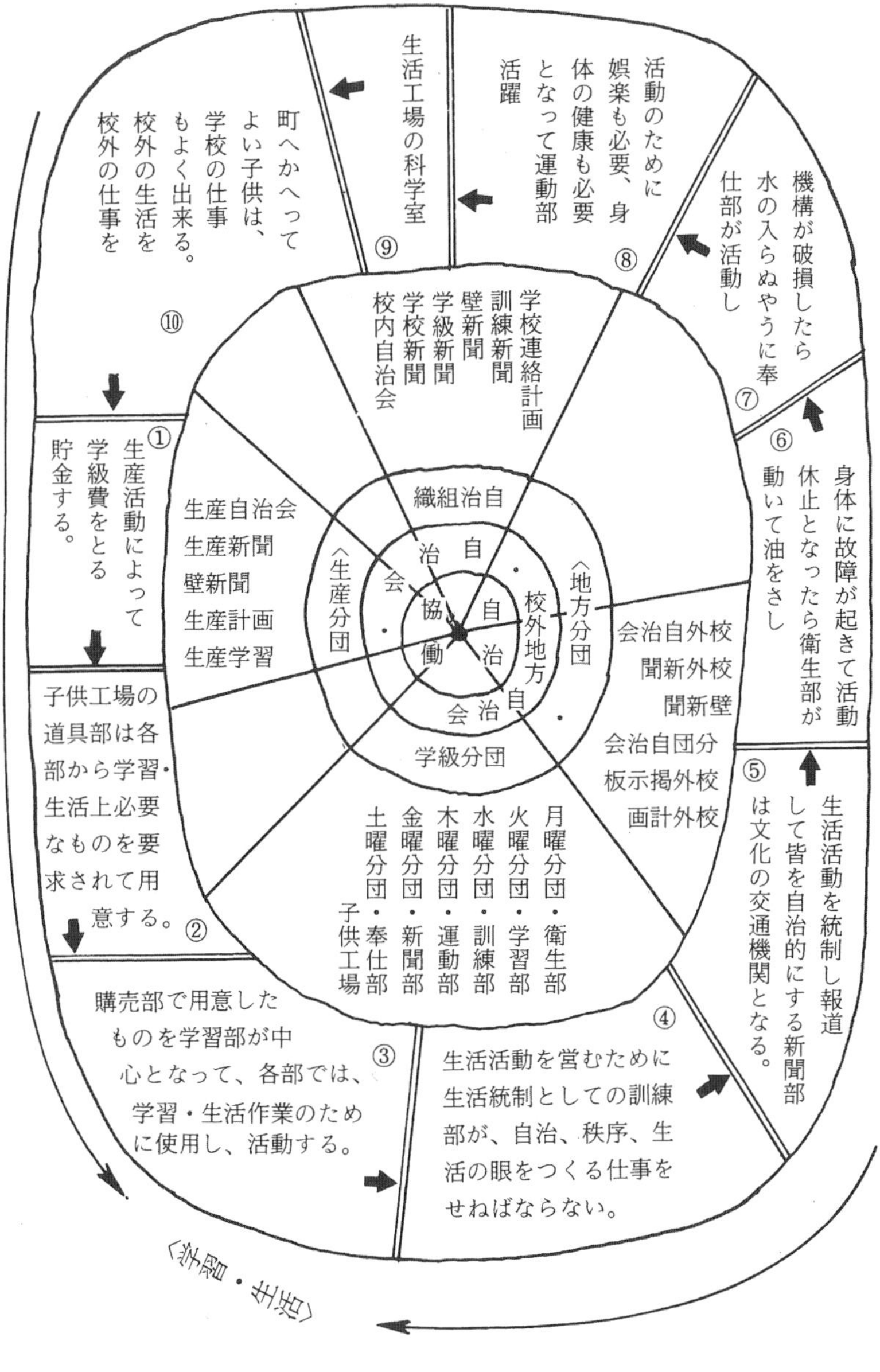

図1　学校生活運転体型

＊石橋勝治『石橋勝治著作集　第二巻』あゆみ出版、一九八四年、二八一ページによる。

かけることでいろいろな目標が達成できると考えていたのではないか。この時期、教育において紙芝居の占める価値は高い。そして、街頭紙芝居を切り口に村のことを考えた子どもたちは、自分のこととして村のことを考える入口に立ったのではないか。

石橋はこれらの子どもたちの七つの報告の後に「僕等の学級は自治協働の、生活高揚の学級である。これは学級の級訓だ。そして教室は父母に応える一年間の生活の場であり、人間教育の道場である。生活の一切を組織化する場所だ。」[44]と、わざわざ実線で囲って書いている。そして、「学級経営基礎体型」などを『著作集』に載せた後に「学校生活運転体型」（図1）を載せている。

「学級経営基礎体型」は「学級経営論」と「学級経営の足場」という、二つの柱から構成されている。学級経営論は、「学級運転の仕方」「学級の内部設定と外部設定」など一七の項目から成り立っている。学級経営の足場は、歴史的発展過程・社会的現実性・社会の特性から成る「地域的現実社会」と、学級教育組織・学級の歴史・児童の社会環境・家庭環境などから成る「学級現実」、そして児童家庭職業調査などから成る「職業調査」の三つの項目から成り立っている。複雑ではあるが、石橋の学級経営に対する考え方がよく分かる提示である。

「学校生活運転体型」は非常にわかりやすい図だが、二つの体型を合体させたもののイメージを図にしてみた（図2）。生活現実から集約される要求がどこに集約されて、どのように実践化されていくのか、図を手がかりにもう少し考えてみたい。

七つの部が学級の生活の必要に応じて、それぞれが自治的に活動を展開する。そうするとそれらの活動か

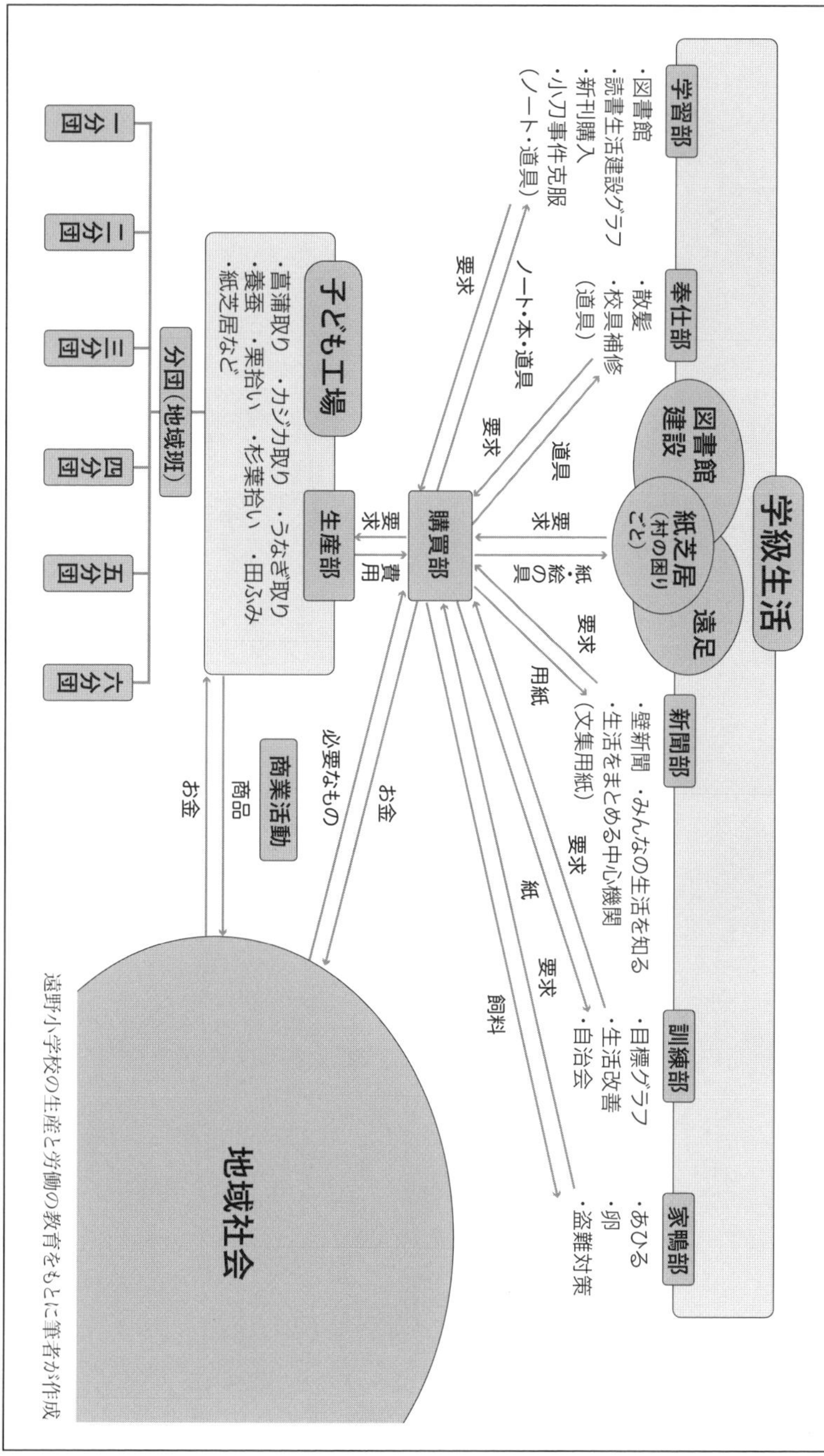

図2 自治生産教育実践機構（遠野小）

遠野小学校の生産と労働の教育をもとに筆者が作成

ら要求が生まれ、購買部にその要求が出される。その要求を検討し学級の合意になったものから生産部（子ども工場）で生産が始まる。その母体は分団（地域班）で、グラフなど作って互いに競争しながら生産活動し、対価を得て要求実現し、生活向上を図るということである。

ここまで、石橋の生産と労働の実践を見てきたが、明らかに大船渡小実践と遠野小実践の間には飛躍がある。大船渡小実践では自分たちの使う物か身近に起きた災害の復旧に参加するような教師主導の実践で、活動を通しての子どもたち同士の結びつきも見出されない。それが遠野小実践では、旅行や図書館づくり、紙芝居の取り組みなど、子どもたちの要求をもとにした活動が展開される。それらの活動は明らかに、分団を中心とする子どもたちの共同を土台にした、生産と労働の実践に姿を変えている。そのように発展したのは、花城小学校の実践にある。花城小学校での生産と労働の実践では、図書館づくりの取り組みで、自力での資金調達に次々と失敗する。その一方で資金調達のために「子供等の自信ありげな言葉に動かされて」[45]ドジョウ取りに行ったとき、子どもの要求の上に活動を組むことの心地よさを経験する。換言すれば、「子どもを信頼して一緒に動いてみる」心地よさの実感や、「子供学習倶楽部」での学習における自治が原動力となったのだろう。それらの体験が遠野小学校で花開いたのである。

この実践に現れているように、目標を持ち、自分たちの力で生産と労働の計画を立て実行していくと、実際の売る場面では、「どうしたら売れるのか」と考え、何も配慮してくれない学校の外の人に向けて行動することで、「言葉遣い」などが鍛えられる。そして、自分たちの労働の成果として生活が向上する。その対価として得た物も値打ちが違ってくる。物を大切にと百遍言うより道徳的なのである。そして、最も重要なことが、社会制作を見通し路線に乗せるということである。困ったことがあれば、こうすれば解決できるという見通しである。石橋が地域の実態から立てた目標である「三つのあり方」[46]のうちの、「①生産力の旺盛な、最も協働性のある社会性を持った人間」と、「②労働力のある積極的な動く人間」が、実現に向かっているのである。

五、問題児の指導　―個人指導と集団指導の統一的展開―

石橋は問題児の指導を、大船渡小学校と花城小学校でそれぞれ実践しているが、それらは個人指導の域を超えていなかった。言い換えれば、問題に対する直接指導に終わっていた。しかし、遠野実践で発展を見ることになる。

遠野小学校に赴任した石橋が担任した高等一年のクラスは、同僚の教師たちが「くず」「かす」と悪しざまに言うほど、問題視されていたクラスだった。石橋はこのような同僚教師たちの態度に激怒し、いかにも石橋らしく、自分がクラスを担任して、立派なクラスにすることを子どもたちに約束した。子どもたちも、他の教師たちとは正反対の姿勢で自分たちに接する石橋に関心を示し、ここに石橋と子どもたちとの「教育建設の約束」が結ばれた。

そしてこの約束が、これから紹介する実践の出発点となったのである。

花城小学校での実践

遠野小学校における「問題児の指導」の発展を見るための比較対象として、花城小学校での実践例を取り上げる。

四年生の学級で下駄箱の靴が盗まれることが問題になった時の、「生活指導と作文教育」の実践記録だが、どうしたらこんな悪いことがなくなるかと考え、みんなで相談して、今までに出会ったことの中で一ばん心の中にしみこんでいることを、「課題作」として四年生の文集「花城」に載せたことが記されている。その課題作の中から二点を取り上げて紹介する。

一点めの「ぬすまれたくつ」は、一九三五（昭和一〇）年一二月発行の「花城」2号に掲載されたものだが、次のようなことが書かれている。中沼は、買ってもらって日の浅いくつを学校に履いていったところ、盗まれてしまった。上ぐつを履いて家に帰り、両親に事情を話して新しいくつを買ってもらった。しかし、そのくつも盗まれてしまった。それからしばらくして、同じクラスの杉野が、ぬすまれた自分のくつを履いているのを見た中沼は、杉野を問い詰めて泣かせてしまった。そのやりとり以降を引用する。

> 「おまえ、おれのくつぬすんだな。」
> と言うと、まっかになってしくしく泣いていた。かえりにそれをはいてかえろうと思ったが、こわれていたので今まではいていたのをはいてかえった。
> 僕は杉野をにくらしく思った。こんどは、ずっくぐつでなく、ごむぐつをはいて学校へかよっていた。

するとまたぬすまれたので杉野のしわざだなと思っている。そのごむぐつはまだ見つかりません。[47]

二点めは、一九三六（昭和一一）年三月発行の「花城」3号に掲載された、杉野が書いた「まちがってはいたくつ」だ。杉野も下校時に下駄箱からくつがなくなっていることに気づき、探しても見つからなかったので他人のくつを履いて帰宅した。翌日学校で杉野は同級生たちから、中沼のくつを盗んだだろうと責められたが、知らんふりをしていた。しかし、その日の午後の校外での活動時に、中沼がなくしたくつを履いていることを中沼から見とがめられ、問い詰められたことで、杉野は泣き出してしまった。そして帰宅してから反省をするのだが、その杉野の気持ちが書かれた部分を引用する。

裏道を行ってようやく家へかえった。家へかえってきた時、すぐ、わるいことをした、とはじめて思った。そうして僕は僕の靴をはいた人をにくらしいと思いますが、また中沼さんの靴をはいて申しわけないと思います。

僕は今はほかの人の靴をはくようなことは決してありません。僕の靴をはいた人も、これからはひとの靴ははかないようにすればよいと思います。

だれか一人がまちがったり、はいたりすると、ほかの人も靴がなくなるから、みんなひとの靴をはくようになるのです。僕は中沼さんやみんなに申しわけないと思ってこのつづりかたを書きました。

僕は決してこんな、ひとの靴をはくようなことはしないつもりです。みなさん、どうぞゆるしてください。[48]

石橋は、「ぬすまれたくつ」に対する「評」を文集上で行っている。それが事実上の指導になっている。

この実践について中野光氏は、『著作集二巻』の「解説」の中で、石橋の言葉を引用しながら、次のように述べている。

（前略）いたずらに個人を傷つけまい、とするために、問題をかくしたり、個人的レベルだけで解決をはかろうとするのではなく、問題の「暴露」といえども、それが「より高次の生活へと進め得る組織的な方法と内容を持つならば、生活の逆転を来さざるよう注意して暴露記事の指導をしなければならない。」と考えたのだった。[49]

しかし、実践記録には生活綴り方を読み合うことは詳しく書かれていても、自治会の討議については、「お互いの注意の仕方」や「経験談」の交流、書かれた綴方をもとにした討議について書かれているだけで、石橋が言う前記のような「より高次の生活へと進め得る組織的な方法と内容」を持つに至っていない。つまり、「ぬすまれたくつ」や問題を起こした子への直接指導はあるが、間接指導はないのである。言い換えれば、これまで見た実践は、個人指導の域を出ないものだともいえるのである。

遠野小学校での実践

この学級にあって、中山一郎は、石橋がいない時間に小刀を振り回し友だちを傷つけてしまう（以下小刀事件という）。この事件を起こした中山一郎に対して、石橋は次のように対応した。以下に『足跡』から引用して紹介する。

わたしはこの子どもをなんとかして普通の一人まえの子どもにしなければならないと考えた。中山一郎は勉強はきらいだと言う。そこでわたしは、「おまえ紙芝居をやらないか」と聞いたら、「うん、やりたい」ということであったので、しめたと思った。（中略）

わたしは、「一郎君のことでみんなに相談したいんだ」と言って、「これから自治会を開く」と言ったら、「自治会ってなにえ」と聞かれるので、「一郎君の勉強についてみんなで相談していくんだよ」と説明した。わたしから、「一郎君は勉強はきらいだが、紙芝居ならやりたいと言っているんだよ。どうだ一郎君に紙芝居をやってもらおうと思うんだけど」と問題提起をしたら、みんなが、「それはいい」「さんせい」と言うことで一郎君の紙芝居実践を確認した。[50]

このようにして、中山一郎をなんとか普通の一人前の子どもにしたい、という石橋の思いを実現する足場ができたのだ。そして、メンバーを組織し、活動場所を保障した。

中山一郎の紙芝居の実演は四月からはじめられた。彼のために紙芝居の読み文字は全部ひらがなで書いた。中山はそれをひとのいないところで、なんべんもなんべんも練習した。（中略）彼のやり方には独創的なところがあった。（中略）中山一郎は紙芝居の実演にあたって、まず一年生を対象とした。（中略）学校から帰ってくる一年生を対象に、拍子木をカチカチとたたきながら子どもたちをいざない、「アメの無い無料の紙芝居」「お金のいらない面白い紙芝居」と叫んだ。

こうして集めた子どもたちを相手に紙芝居をはじめたのである。[51]

この紙芝居の実演は、子どもたちに喜ばれるなかで、次々と新しい作品を作りながら四月以降も続けられた。子どもたちからも一郎さんはうまいと褒められるようになり、一郎自身も、街頭紙芝居には負けない、と自ら言えるようになっていった。そして、「九月になって中山一郎に変化が起こった。「紙芝居はあきた。紙芝居だけしていないで勉強したい。」と、言いだした。わたしは待ってましたと受けて立った。ようやくここまで来たなと思った。」(52)と、石橋に思わせるほどに成長した。「ぼくは勉強が嫌いなんだ」と言っていた中山が自分から「勉強したい」と言うようになったのである。つまり、中山は「自分から勉強したい」という生活地位に立ったのである。

石橋が書き残した文書などを見ていくと、石橋は中山を「一人前の子ども」に成長させることを促しながら、問題の背景にある家庭の問題に切り込んでいったことが分かる。家庭訪問を繰り返し、父親が足を怪我していて働けず一郎に代行させていることや厳しく怒ることなどをつかむ。そのうえで、①一郎は悪い子ではない／②家の方針と私の方針を同一にしたい／③一郎はいじけていて、ひがんでいるから決して叱ってはいけない。私にまかせてほしい／④「仲の良い笑える家族にして下さい」と、一郎を抑圧している父親に訴えてもいる。ここまで言うことができるのは、学校での一郎の成長が親に見えていたことや、石橋自身の家に泊めるなど、一郎の面倒を丁寧に見たからに他ならない。

中山が起こした小刀事件の指導に際しては、石橋は「私は生徒に対して一言の小言も言わぬし、勿論叱りもしなかった。出来た事は仕方が無いんだから、今後よく気をつけて行こう。ただこの時、私はこの事件を如何に子供等の生活問題として、学習させたらよいかという事を考えねばならなかった。如何に解決の方法を教え、生活態度を築き、学級の文化生活等を向上前進させて行くかの問題であった。」(53)と語っている。

つまり、中山の問題を解決するために行った、紙芝居の取り組みという集団指導の中で、中山は自信を取り戻していく。その中山の自信はクラスの紙芝居班の充実強化につながる。それはまた、クラス全体の学習活動や文化活動が発展したことを意味するものである。自分から勉強したいと言い出した中山を、その向上した学級が受け入れるということになるのである。先に紹介した「紙芝居」実践は生産と労働の実践であるが、同時に中山一郎再生の実践でもある。このことを石橋は「かくして進んで来た子供を単に個人的な対象として見て行ったのでは、子供は決して生きて行かない。最後に来るのが集団的な生活地位社会性に立つ生活単位の確保でなければならない。」[54]と述べている。つまり、石橋の目標は中山を「一人前の子ども」に育てることにある。一人前の子どもは「集団的な生活地位」がなければ生きていけないということなのである。

石橋は個人指導と集団指導を統一的に展開しているのである。そのことは、花城小での問題児の指導と比較してみれば明瞭である。「ぬすまれたくつ」事件に対する指導は、今後こんなことが起こらないようにどうするかという、直接指導に終始している。つまり、遠野小の「小刀事件」に置き換えると、今後二度と起こらないように、本を読む生活をつくり出そうとした、「図書館建設」の取り組みの段階であると言える。いや、「図書館建設」実践は間接指導を含んでいるので、「ぬすまれたくつ」実践は、この段階にも達していないともいえる。石橋が、個人指導と集団指導を、統一的に展開できたのはどうしてだろう。それは先にも紹介した花城小での経験から、子どもたちとともに活動することに信頼を寄せていて、この中山の問題も、子どもたちとともに解決を図っている。石橋はこの事件を中山一郎個人の問題に終わらせずに、子どもたちの生活の問題として学習させ、解決の方法を教え、生活態度を築き、学級の文化生活を向上させ前進させていく問題としてとらえたのだ。つまり、中山問題の解決は学級を前進させるし、学級の前進は中山問題の解決につながるという認識があったのである。

　中山一郎は高等二年になって、「僕がよろこんで働けるまで」と題した、「盗み」「つぎの日」「代表紙芝居」「改心へ」「ジャンバルジャン」「待っている家」「壁新聞」「自治会」「思い出されること」「友だち」「桃やとまともぎ」「水あぶり（水泳ぎ）」「正一との別れ」「思えば心はしずむ」「家にきてから」「あの日から」「僕の決心」「鶏事けん」「宿直室」「夕方を待つ」「先生の家」「それからの生活」「多賀座の札まわし」「家へ行ってのなやみ」「今後の生活」「よろこび」の二六章だての長編の作文を、文集に載せた。この作文に対して石橋が「この文は君にとって、またとない大切な生活史だ。君にとってだけではない。先生をはじめ級の皆にとっても極く大切な生活史だ。この文には君の生活の大切なことが、君の心が、君の考えが、君が生活を克服するために使った努力や、なやみがしっかりと現れている。一郎君、よく度胸よくこれだけの文を書いてくれたね。」[55]という「評」を書いている。ここには中山一郎の成長の姿が自分自身の手で綴られているのである。

　石橋は「綴方」で生活を掘り下げ、社会を見る目を育て、「生活建設」を進めた。だが、「綴り方だけで教育ができるわけがない」[56]という考えがあった。さらに、石橋は「児童の綴方教育は、決して教室内に於いて単に鑑賞したという程度で鉾をおさめるべきではなくて、子供等の生活へどこまでも食い入って、児童の成長と共に指導を加え、社会に於ける現実の生活と、子供とがとっくんで、その生活を克服しなければならない。」[57]と言っている。要するに石橋の場合、綴方はその指導のための手段であり、結果の記録として位置付き、本領は自治の指導にあったのである。

六、集団づくりの発展　―大船渡実践と遠野実践の本質的な違いに着目して―

遠野実践で発展を見た二つ目は全校自治会の指導である。遠野小学校で高等科の一年と二年を担任したことが、その出発点である。この実践記録は一〇月頃とあるから、半年ほどの準備期間を経たのちのことである。このことから、一学期中には子どもたちが、自分たち自身の力で、学級活動を行うようになったことが分かる。あの「くずとかすの学級」が、二学期にはいよいよ、全校の自治活動に関わるところまで発展したのだ。

全校自治会は三年生以上の各学級から三名ずつの代表で構成され、議長、副議長、書記の係を置いている。今でいう代表委員会である。各学級の新聞部や図書館部の各部の代表が集まる各部委員会もある。活動内容は「校内社会生活の指導」で学級の仕事、遊び、掃除、校内安全（歩行）、休憩時間と規律、校舎内外の休み時間の保健活動、ケンカ解決、父母及び来客者に対する礼、盗難・火災防止、文化祭・運動会その他の行事、全校朝会・児童集会の運営、校外生活と多岐にわたっている。これらの活動を通して生活向上を図るための方法として、ポスターや標語、学校新聞、壁新聞などを使っている。

例えば全校朝会は、開会を知らせるベルを子どもたちが流し、校庭に整列させるのも子どもたち。校長は必要であれば話をする。終了すると全校自治委員の入室指示に従って入室する。二時間目と三時間目の間にある「全校児童集会」は講堂に集合する。集合、学習、指揮の一切は、全校自治委員であるその日の看護補助当番が当たる。会の中では、全校自治活動の予定を説明したり、学年学級の校内・校庭での生活実態を紹介したり、この生活に対する指導と評価を行う。看護補助当番にこんな活動ができるのは、「どの休み時間にも昼休みにも校舎校庭で、一日中子どもたちとくらし、一緒に観察しているので、指導する具体的事実に狂いがないためである。」(58)と石橋は説明する。

この看護補助当番の仕事ぶりに注目すると、遠野での全校自治活動の質が見えてくる。

看護補助当番は朝早くから活動を開始する。腕章を付け各教室の窓を開けることから始め、それが終わると各教室を見回るのだ。各教室では朝礼前の朝の学習をすることになっているので、学習をしていなければするように促したり、分からないところがあれば教えたりもする。また、各学級では一日に三回、休み時間などを使って掃除をすることになっている。その掃除を当番が率先して行うことで、他の子どもたちの自主的な行動が促されるという成果をあげている。

始業三〇分ほど前には、当番の教師と子どもたちが衛生室に集まって、看護日誌をもとに前日の状況を確認し、今日の活動の方針を相談する。看護補助当番はこのようにして、始業一〇分前まで子どもたちの様子を観察して歩くのである。

このように看護補助当番は学校生活の指導と管理を全面的に担っているのである。だから、前述のように石橋が「指導する具体的事実に狂いがない」と断言できるのだ。

しかし、看護補助当番にも活動する上で困ったことがあったようだ。その記録を次に引用する。

> 看護補助当番をやっていて一番先に問題になったのは、下級生が看護補助当番をけいべつするということであった。(中略)どんな問題であったかというと、ある人が注意したらやめないので二度三度と注意した。それでもやめないのでちょっとなぐったということであった。

> それをどんなに解決したかというと、これは看護当番の人達がどんな仕事をしているのかそれがわからないためだということになった。だから看護当番の仕事をわからせればみんなも感謝して当番の言うこともすなおに聞くだろう。そのためには、看護当番の仕事を知らせる新聞を発行して皆に知らせ、教育することにした。
>
> 各部の活動の新聞を発行して配ったら、これがまた大変な役に立って大きな効果があがった。
>
> それから当番の生活指導の話をどう聞いているかということが問題になりました。（中略）大きな問題であったら、級の自治会を開いて話し合っていることもわかった。(59)

困ったことを出し合い、看護当番の仕事を新聞で知らせることを決め、それを実行したことが役に立って効果があがったということであった。

この石橋の遠野における全校自治の取り組みは、子どもの信頼の上に成り立っている。看護補助当番の仕事に見るように、学校生活の指導と管理を子どもたちが一手に引き受けているのである。朝学習を見に行くときは、学習に困っている子を見つければ丁寧に教え、注意を聞かない子とのトラブルについては、学級自治会を開き、原因を明らかにして方針をみんなで考えている。子どもに任せ、そこで起こるトラブルをみんなの力で解決していく。そして、自分たちが考えた解決策について、下級生たちが自分たちの学級自治会を開いて考えているという事実に、喜びを隠せない高等二年生の姿が容易に想像できる。

石橋の集団づくり実践が全校自治会の指導に及んだのは、同校での生産と労働の実践や問題児の指導の発展と無関係ではない。本章2・三（三八ページ）で見たように、生産と労働は子どもたちの生活の中から出てきた要求に基づくものに発展しているし、本章2・四（四四ページ）で取り上げた「街頭紙芝居を町から追い払う活動」などは、問題児の指導において、集団成員による活動として大きな鍵を握っている。これらの取り組みは「こんなこともできたのだから、あんなことも…」との思いを広げ、必然的に活動領域の拡大を求める。また、活動の中でたくさんの図書館長や看護補助当番などのリーダーたちが誕生すると、活躍の場を求めて活動が発展していくのである。

ここまで見てきた岩手時代の石橋勝治の実践は、生産と労働の実践に中心を置くもので、大船渡小学校時代の教師主導の学校の必要で行う実践から、遠野小学校の子どもの要求に根ざした実践へと発展している。その発展の鍵は、花城小学校での、「子どもたちの自信ありげな言葉に動かされる」という子どもとの共同実践への原体験や、「子供学習倶楽部」の実践にあったと見られる。そのことは遠野小における問題児の指導でも、個人指導に終わらず、問題児が子ども集団の中で自信回復するという、集団指導が展開されることに繋がっていく。石橋はこの実践で、個人指導と集団指導を統一的に展開して、「一人前の子ども」になっていく道筋を描いたのだ。さらに遠野小学校では、子どもの要求をもとにした生産と労働の実践がさらなる子ども信頼を生み出し、子どもたちに学校の多くの仕組みをゆだねる、全校自治を実現させたのだ。

石橋は遠野小学校で、生産と労働の実践においても、問題児の指導（個人指導と集団指導の統一）においても、そして、ここで見たように全校自治会の指導においても、一定の到達点を築いている。このような遠野の石橋実践は、岩手においてかなり特筆すべきものになっていて、石橋は校長に指導計画を見せたり、県の学務課に届けたりしている。この頃から石橋は、岩手県内でやるべきことは終わったとの思いから、東京に出ていくことを考えていた。そして、岩手県学務部の総合視察が終わったことを機に、東京に出ていくことを決めた。当時の石橋を取り巻く状況については、本章1・一（二〇ページ）で紹介したように、城丸氏が「石橋の「郷土教育」のように、地域の労働や生産について、真面目に事実を調査研究させるような教育実践は、県当局から見れば、よくやってはいるが、注意して見ていないとどこへ進んで行くか分からない危険な教育だと見られていた」と述べている。このことも、石橋が岩手を離れようとしたことと無縁ではないだろう。

〔第一章・注〕

（1）石橋勝治『石橋勝治著作集　第一巻』あゆみ出版、一九八四年、三四八ページ所収の城丸章夫氏の「解説」による。
（2）同「解説」三五一〜三五五ページによる。
（3）石橋勝治『石橋勝治著作集　第三巻』あゆみ出版、一九八四年、二五九ページ所収の中内敏夫氏の「解説」による。
（4）教育ジャーナリズム史研究会編『教育関係雑誌目次集成　第一期第二〇巻』「各誌解題」日本図書センター、一九八七年、一一五〜一一六ページによる。
（5）児童問題史研究会 監修『日本児童問題文献選集20　教育資料 子供の聲（瀬川頼太郎編）』日本図書センター、一九八四年、所収の庄司洋子氏の「解説」七ページによる。
（6）瀬川頼太郎編『教育資料　子供の聲』博文館、一九〇九年、一二ページによる。
（7）同書「序」一ページによる。
（8）雑誌『教育論叢　一九三七年九月号』文教書院、一九三七年、八三ページ所収の、「福井正一「学級の布石」に対する瀬川頼太郎の実践評」による。

(9) 瀬川頼太郎「小学児童の活動とその指導」、雑誌『教育論叢　一九三一年五月号』文教書院、一九三一年、「巻頭言」二ページによる。

(10) 右に同じ。

(11) 右に同じ。

(12) 瀬川頼太郎「民衆の意志と学校教育」、雑誌『教育論叢　一九三一年八月号』文教書院、一九三一年、「巻頭言」一〜二ページによる。

(13) 波多野完治／斎藤喜博対談「一流の授業を見て」、斎藤喜博の個人雑誌『開く　第八集』明治図書、一九七四年、八六ページによる。

(14) 右に同じ。

(15) 同書　八七ページによる。

(16) 石橋勝治「主なる教育雑誌、特に「論叢」について」、雑誌『教育論叢　一九三五年一月号』、文教書院、一九三五年、一四四ページによる。

(17) 石橋勝治『著作集　第一巻』三四九ページ所収の城丸章夫氏の「解説」による。

(18) 同書　六九ページによる。

(19) 「欠食児童」とは、食料不足などで満足に食事をとることができない子どものこと。この時代は、世界的な不況と冷害がその要因となった。

(20) 石橋勝治『著作集　第一巻』四一ページを参照。

(21) 同書　四七〜四九ページを参照。

(22) 同書　四七〜四八ページによる。

(23) 同書　五一ページによる。

(24) 右に同じ。

（25）石橋勝治『著作集　第三巻』一八ページによる。

（26）同書　一八～一九ページによる。

（27）同書　二一ページによる。

（28）同書　三〇ページによる。

（29）石橋勝治『著作集　第二巻』一六四ページによる。

（30）右に同じ。

（31）石橋勝治「子供の心と先生の仕事」、雑誌『生活学校　一九三六年三月号』児童の村生活教育研究会、一九三六年、二八ページによる。

（32）石橋勝治『戦前戦後を貫く　民主教育実践の足跡』日本標準、一九七二年、二三ページによる。

（33）同書　六七ページによる。

（34）前掲書『戦前戦後を貫く　民主教育実践の足跡』のこと。

（35）石橋勝治『著作集　第一巻』三六五ページ所収の城丸章夫氏の「解説」による。

（36）石橋勝治「実践途上にある私の尋五学級の自治組織（二）」、雑誌『教育論叢　一九三七年四月号』文教書院、一九三七年、四五～五四ページ参照。

（37）同書　四六ページによる。

（38）同書　四八ページによる。

（39）石橋勝治『足跡』六八ページによる。

（40）石橋勝治『著作集　第二巻』二一四ページによる。

（41）同書　二一三ページによる。

（42）本書　七～一一ページを参照。

（43）石橋勝治『著作集　第二巻』二四二～二四五ページの要約引用による。

(44) 同書　二五九ページによる。

(45) 本書　四〇ページを参照。

(46) 本書　四二ページを参照。

(47) 石橋勝治『足跡』　七六ページによる。

(48) 同書　八四ページによる。

(49) 石橋勝治『著作集　第二巻』　三六九ページ所収の中野光氏の「解説」による。

(50) 石橋勝治『足跡』　一六〇〜一六一ページによる。

(51) 同書　一六三ページによる。

(52) 同書　一六四ページによる。

(53) 石橋勝治『著作集　第二巻』　四五〜四六ページによる。

(54) 同書　九九ページによる。

(55) 石橋勝治『足跡』　一九九ページによる。

(56) 石橋勝治『著作集　第一巻』　三六六ページ所収の城丸章夫氏の「解説」による。

(57) 石橋勝治『著作集　第三巻』　二六〇ページによる。

(58) 石橋勝治『足跡』　二二六ページによる。

(59) 同書　二五二〜二五三ページによる。

第二章　挫折と再生　―東京時代―

1　時局用語で語る時代

一、天皇制教育の強化

石橋は一九三九（昭和一四）年『教育論叢』の瀬川の世話で上京し、浅草の正徳小学校に赴任する。中国との戦争を始めて八年が過ぎた頃、学校に対する軍国主義支配が強化された頃であった。そもそもこの戦争は明治維新政府の方針である富国強兵、殖産興業などに端を発したものである。少し遡ってみると、一九一七（大正六）年には内閣直属の臨時教育会議が設置され、産業の高級・準高級幹部候補生の大量養成のための高等教育機関の拡張が答申され、体育の教育内容として兵式体操を要求した。一九一九（大正八）年には、「教育ノ効果ヲ完カラシムヘキ一般施設ニ関スル建議」が出され、侵略戦争のための軍事力の養成と思想統制をめざすものであった。一九二五（大正一四）年には、中学校以上のすべての男子生徒に軍事教練が強制されることになる。これらによって、昭和の教育は、修身教育を中心とする国家観念の注入と、軍隊教育で総仕上げされるということになった。

この昭和のファシズム期の教育が、天皇中心に軍国主義化していったことについて、城丸章夫氏は『著作集』の解説の中で、その教育の基本的性格に関わって以下のように述べる。

> 「教育勅語」が各大臣の副署なしに出されたり、教育の制度・内容・方法の基本を定めた「教育令」が、法律ではなくて勅令として出されていたことは、学校が天皇のモノであった証拠である。
>
> 小学校の校舎も、中学校・女学校・師範学校の校舎も、地域住民の税金で建てられ、住民の共同財産として、また、地域の子ども・青年が共に学ぶ場として、住民からは大切にされていた。それは「村の学校」「町の学校」「県の学校」という、自分たちのモノだという意識の下に尊重されてきた。それにもかかわらず、学校が天皇のモノだとされてきたのは、そこにおける教師が天皇の役人という性質を持ち、彼が行う教育活動が「国の事務」という性格を持ち、教育内容が天皇の「教え」「教化」という性格を持ち、教育方法が教師の命令への児童・生徒の服従という性質を持っていたからである。(1)

明治の初め学校は、村ごとに小さな学校が村の子どもたちのために営まれた。それは、お昼は自分の家で食べてもすぐに学校へ帰れる距離にあった。しかし、合併を繰り返し、学校は大きくなり、お上の言うことを伝えるには便利なものになったということにも現れている。つまり、城丸氏の言う「学校は天皇のモノ」となっていったのである。上京した石橋を待ち構えていた学校は正しく天皇のモノになっていて、石橋は実践報告の中でも、城丸氏が言うような「教師の命令への児童の服従という性質」を持った教育方法に、陥っていくのである。

二、教育科学研究会への参加

石橋は遠野小学校を退職して上京したので、代用教員としてのスタートだった。当時を振り返って、「覚悟はしてきたものの親子三人で五十五円では生活の苦しさは全く大変であった。（中略）持っていた本の中から、目ぼしいものはほとんど売りとばして食費にあてた。」[2]と語っている。こんな生活の中、石橋は教育科学研究会（以下教科研とする）に参加する。学校の仕事が終わると、毎日のように法政大学に通い、研究し運動した。石橋は当時を振り返り、「事務局には菅忠道氏がいた。ここでは城戸幡太郎先生、宗像先生、留岡先生や重松先生、そして波多野先生や周郷博先生、宮原先生等がおられその指導をうけた。」[3]と述べている。

その教科研は、一九三七（昭和一二）年五月に結成された戦前最後の民間教育団体である。教育の実証的研究を進め、教育改革の基礎となる教育学研究の創造をめざした。『教育科学研究』は、この教科研の機関誌であり、一九三九（昭和一四）年九月から一九四一（昭和一六）年まで一七冊刊行された。会員の中には講演会形式に終始する学習形態に対して、もっと討議を重視して、積極的な研究姿勢を求めるものがいる一方で、研究者が自分の研究に合わせてテーマを設定していて、もっと教育現場をまるごととらえて検討できる場にして欲しいと求める会員もいて、自由な意見交換ができる民間教育団体らしい性格を、備えていたようである。

このような研究会として進歩的な側面を持ちながら、昭和研究会（近衛文麿の私的諮問機関）や、教育改革同志会などの国策研究機関と密接な関係をもっていた。『教育科学研究』の一九三九（昭和一四）年の九月号で、会長を務める城戸は、興亜政策の容認を言いながら文部省批判をする。また、同誌一九四〇（昭和一五）年の四月号では、会の綱領で教育を科学的に企画することを掲げる一方で、国家の課題を達成することを目指している。つまり、国家の方針は支持し文部省は批判するといった、二面性がみられるのである。一九四〇（昭和一五）年一〇月、留岡清男は大政翼賛会に奉職する。全国の会員に「今こそ教師としての立場を堅持して、大政翼賛運動に乗り出さなければならない」[4]と呼びかけ、さらに「一身上の弁」を述べて、大政翼賛会に奉職することを宣言し、「大政翼賛運動の一つとして、是非とも教育翼賛運動が鬱勃として起こらなければなりませんし、その教育翼賛運動の実質をかため、方法を具体化するところの研究と実践とは、今後愈々促進されなければならないのであり」[5]と翼賛運動に果たす教科研の役割を強調するようになった。この年、昭和研究会でさえ解散に追い込まれた。

また、同年一一月には、北海道、秋田、岩手、宮城の教師たちが「治安維持法違反事件」で検挙される。もちろんこの中には、大船渡で同好誌『教育気仙』の仲間であった佐久間博、柏崎栄、の諸氏や、交流のあったとみられる宮城の鈴木道太も含まれている。佐藤広美氏によれば、当時行われた教科研の合宿では「「新体制は赤か」との質問が起こり、新体制にどのように協力し参画することが「赤」と見なされずに済むのか、率直な迷いが表明された。これは教科研がこれまでとってきた姿勢（国策への批判的協力）への疑問につながるものであった。」[6]という。研究仲間たちが、全国で次々に検挙される中で、どのように行動すれば自分は検挙されなくて済むかということが公然と議論され、教科研の存在意義そのものが揺らいでいたといえる。一九四一（昭和一六）年に教科研も解散する。

このような状況の中で、石橋は一九三九（昭和一四）年、教科研第二回全国大会で東京代表として実践を報告する。ただこの時、東京の代表なのに岩手の実践を報告する。また、石橋は一九四〇（昭和一五）年九月、浅草・正徳小学校から深川小学校への転勤を決める。それは、瀧野川小学校で合科教育をもってならした、山崎菊次郎校長がいたからだ。しかし、もうこの時、すでに軍国調を取り入れ、校庭では軍歌の行進曲を鳴らしていたと失望している。

この間、『教育論叢』には、「学級の学習組織形態」「総合教育と学級経営」「総合教育と学級経営（二）」「社会生活の中に位置する子供」「国民学校案と学級経営」「学級経営論」の六本の実践、『教育科学研究』には次項で紹介する「学級後援会（母親組合）の建設過程」の一本の論文を載せる。岩手時代に書かれたとみられる「学級の学習組織形態」を除いた他は、時局用語で理論は語るが子どもたちの具体的な姿は語られない。しかも、これらの掲載された論文は、『著作集』の著者略歴にも記載されていない。この事実は何を物語るのだろうか。世の中が軍国主義一色に染まる中で「時局用語で理論は語るが実践は語らない」ということは、つまり、理論でカモフラージュして実践を教室の中で最小限展開したり、学力向上など許される範囲のところで実力を発揮したりしていたとみられる。

一九四一（昭和一六）年には『教育論叢』も廃刊に追い込まれ、石橋は、自分の実践を掲載する場も、自分の教育実践を語る場も、なくしていくのだ。

それでは、石橋がどのように、子どもたちの具体的な姿は語らずに時局用語で理論を語ったのか、石橋の四つの論文を順に、要約して取り上げながらみていこう。

まず、「総合教育と学級経営」だが、学級の基底になる学力、家庭の様子、遊び場、問題児などをあげた上で、一年生児童の生活姿態を五〇項目にわたってあげ、その生活をどのようにとらえるかという考察を列挙している。その考察は、今までの一年生を担任した時の経験から、表面的にはよくないと思われる姿態についてもその意味を深く考察している。「学習生活と教室経営」については項を起こしたものの書かれていない。

次の「総合教育と学級経営（二）」だが、これは一九三九年七月号を受けて書かれたものである。実践は登場しない。「皇国の道」という表現が初めて現れ、教育をめぐる情勢のこの三か月の変化がうかがえる。「教科を構成し教材を選択する最高の規準は、国家の教育に対する要求に依って決せられる」[7]とする。しかし、「上と考えられる皇国の道の生活は、実は下と考えられる場に於いて息づいているのである。（中略）この道は臣節の道であって、（中略）一体生活は眺める各面に於いて、それぞれの主点により各教科の構成が考えられ（原文ママ）ようにせねばならぬ。」[8]と一定の抵抗を試みている。

次は「社会生活の中に位置する子供」だが、「うそ」という子どもの綴方を載せ、子どもの社会生活とはどんなものかについて考えている。その最後に「「子供は大人の社会生活をする。その限りに於いてのみ子供である」という現実論を事実に於いて証明するよう立論しようと思っている。」[9]と興味深い宣言をしている。しかし、前段では、「児童のする社会的生活とはそも何であるか。（中略）我々はそれを日本民族国家としての皇道的生活と見なければならない。（中略）生活に於いて子供を国家社会の進む方向、国家の要求する必要度に於いて、子供を見て行くもの」[10]としている。

最後は「国民学校案と学級経営」である。「教育を全般に亘りて皇国の道に帰一せしめ、その修練を重んじ」[11]という一文が登場する。ここで、教師と子どもと教材の関係について「児童は勿論客体で、教師は主体で、教材が媒体である」[12]という。敢えて次のように言い換えている。「教師は指導の絶対権を持つものであって「国家を代表する」ものであり、教材は「文化の面を代表する」ものであり、児童は錬成陶冶されなければならない「獣的」なものである。」[13]という。石橋の今までの実践で、このように子どもと教師の関係を絶対化してとらえたものはない。さらに「此の国家の意志を代表して子供を育てるのが教師である。国民学校に於ける皇国の道に帰一する絶対権を持つものは教師である。」[14]と述べている。ここには前出の城丸氏の弁のような、「学校は天皇のもの」「教師は国家の事務員」という姿が、はっきりとした形で現れている。この論文には、子どもたちの具体的な姿は登場しない。

三、**母親組合実践　―実践のつまずき―**

前項まででみてきたように、石橋の実践は時局用語で理論は語るが、子どもの事を語らなくなってきている。石橋は一九四〇（昭和一五）年二月に『教育科学研究』に「学級後援会（母親組合）の建設過程」を載せている。この三か月前の一九三九（昭和一四）年一二月に堀井喜一郎が「『母親組合』の提唱」という論文を同じ『教育科学研究』に載せている。三か月前なので、石橋が堀井の論文を読んでから書いたのかは定かではないが、同じように母親組合をテーマとして書かれた論文を比較検討してみると、石橋の実践がどのような位置にあるのかが分かる。

堀井はまず、父兄たちの子育て上の質問を数例あげながら「遊び過ぎて困るから落ち付いて予習復習をさせる工夫、又両親の意志通り子供が従順でないことの心配、嘘言矯正法等の如き性格上の問題ばかりで、（中略）全く子供の世界を無視した大人本位の事ばかりである。」[15]と述べている。その上で、いくつかの実例をあげて家庭教育について説くものになっている。

一つ目の例は、盗癖のある商家の子どもＯについてである。店の売上金庫から金を盗んだＯが、父親に激しく叱られたことから暗い子どもになってしまい、さらに盗みを繰り返すようになったことに心を痛めた母親が、堀井に相談をしたことへの対応が、次のように述べられている。

（前略）一切を許し包容してやる様に、（中略）夕食後一家打ち揃って日々の出来事や学校での生活などを自由な気持で語り合う機会をつくる事。又交友関係をよく調べた上、友達の両親とも時々子供の事について語り合う機会をつくる様に、（後略）[16]

この後、Ｏが素直な子どもになったことが綴られている。二例目は、子どもの交友生活に触れて「悪い友達と遊ぶな」ということから二つの家庭の争いにまで発展した事案への対応である。

堀井はこれらのことに対して、積極的な方法を提起している。たとえば友達の問題は、わが子の内部生活や友達に全ての原因があるとばかり思わずに、その原因を「子供たち相互の生活協同体の中に求める様に視野をかえて行くこと」[17]を説いている。そして、「校外と家庭とのスペースを補導する方法として母親組合をつくりたい。」[18]と提案している。さらに、「我が子を健康な社会人として育てんとするならば先ず自然発生的に生ずる我が子の交友関係の中に母親たち相互が融合して行くように積極的にその機会をつくらねばならぬ。」[19]と述べ、母親組合の活動として、母と子の休日ピクニックや子どもの交友生活の相互観察の話し合いなどをあげている。地域で孤立しがちな母親たちの共同を作り、その中で子育ての悩みを語り合うという提案である。

　次に石橋の「学級後援会（母親組合）の建設過程」をみる。浅草・正徳小学校の実践である。この中で石橋は四月当初大変な子どもたちの現状を書き、その中で子どもたちがどんな取り組みをしてどのように成長してきたのかを述べている。また、文集「正徳の子供」を出し、家庭通信を出して、学級の様子を積極的に家庭に伝えている。そして「「子供の建設された生活の力」によって、組合組織をやって貰うのである。子供の生活がよく出来ていれば勢い子等の要求の力で父母を動かすのである。」[20]と説いている。さらに、具体的な活動として図書館づくりの様子を報告している。石橋は家庭通信を使って、図書館充実のための募金の呼びかけもしている。これを石橋自身も「後援会」と認めている。この募金の呼びかけに対する反響は、賛成五四、反対五であった。

　これら二つの論文の比較から言えることは、堀井のものが地域で孤立しがちな母親の悩みを、組合をつくって集いを持ち、その中でのさまざまな活動を通して子育ての悩みを交流し解決していこうとするもので、まさしく「母親組合」の実践を語っている。それに対して石橋のものは端的にいうと「私は子どもたちの生活をここまで高めた、もっと高めるために資金が必要だから募金してほしい」というものに過ぎない。石橋の実践はまさしく学級「後援会」をつくることに主眼があって括弧書きした「母親組合」は堀井のものとは実質が違うのである。

もうひとつ指摘したいのは、この石橋の募金の提案に反対票が五もあることだ。この正徳小学校のある地域は、この当時は比較的貧しい人たちが住む地域だった。当時の教育行政に要求することはとても難しいかもしれないが、本来予算は行政に求めるべきものなのに父母に求める点、父母の反対が一人でもあれば募金を中止するべき問題なのに「〇〇さんは何円持ってきた」などと公表する点には、貧しい人たちに対する実践の視点がないのである。生産教育ができない都市部での石橋実践は、資金調達の面だけでなく、時局用語で自分の実践を語るなど、大きくつまずいているのである。

この後、一九四二（昭和一七）年四月から勤める若杉国民学校でも、語る実践の中心が、学力をつけて進学させた自慢話ばかりとなるのはそのためである。石橋にとって、東京へ出てきてからのこの五年間は、『足跡』でも語ることの少ない、自信喪失の時代といってよい。

2　生産教育全開時代

一、生きるための労働と生産の実践

石橋は上京して六年目、若杉国民学校で学童集団疎開を経験する。一九四四（昭和一九）年六月、アメリカ軍がサイパンに上陸すると、いよいよアメリカ軍による本土空襲が現実のものとなる。本土空襲が現実の

ものとなると、学童の集団疎開が行われた。
石橋たちは一九四五（昭和二〇）年三月、三年生、四年生、六年生合計五四名と、長野県小県郡東塩田村の鈴子集会所に疎開した。これが鈴子寮である。教師は石橋ら三人、寮母三人、食事調理の女性三人、の総勢六三人。石橋はこの部隊を寮長として指揮したのである。

【図3　鈴子寮での一日の教科学習の時程】

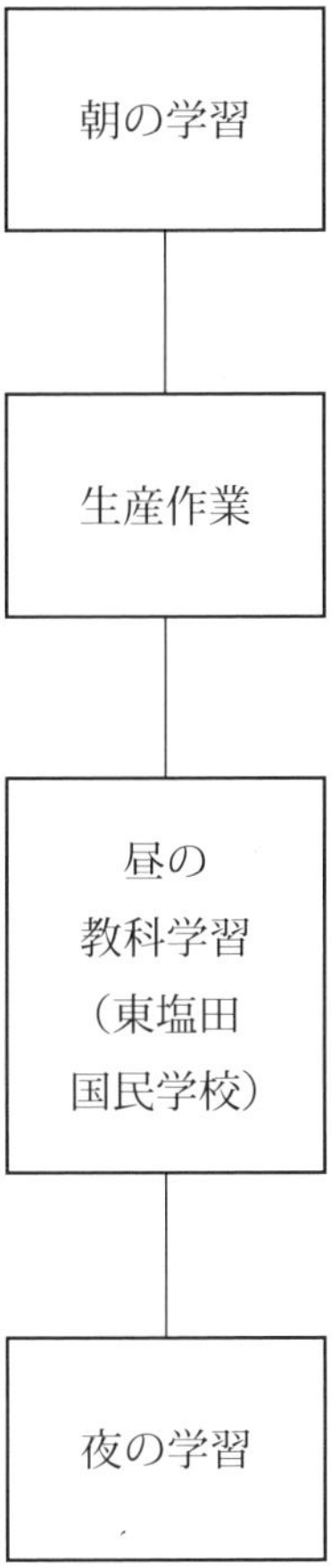

石橋は、疎開先の地区を決めるために東塩田村を見てまわっている。その時に気付いたのが、地区ごとに設けられた集会場の存在であった。各地区で問題を検討して対策を立てるための集会場なのだが、この調査から、長野県上田地方の農村自治の高さを知ることになる。この時、石橋は、子どもたちの生命を守るために、①疎開地だけに頼らない、②村の協力を得ながら自力で生産経営をする、という二つを基本方針として立てている。そして、石橋は「教師として一度だけは決定的に実践してみたいと思っていた生産教育を実施する機会」[21]を得たと、意欲をみなぎらせている。

この方針はどうだろう。三五歳の石橋に、学校を離れて遠く長野まで子どもたちを引率してきたのだという不安を感じさせない。方針①②は寮を自分たちの自治で経営していくという宣言だが、「決定的に実践してみたい」からは、岩手時代から取り組んできた生産と労働の実践をさらに発展させるいい機会だと、とても積極的にとらえているのがわかる。

　この方針のもと生産と経営の実践、言い換えれば「生きるためのたたかい」が開始される。まず石橋が目を付けたのが桑畑だった。一九三一（昭和六）年から一九三二（昭和七）年にかけては養蚕不況で、たくさんの桑畑が活用されず根っこだけを残したまま放置されていた。この畑を十数丁の鍬を借りて六年生と、「トッコ掘り」と呼ばれる、桑の根を掘る作業を行った。何日かかって二反歩のトッコ掘りが完了し、さらに二反歩の借用を農協に申し出た。口先だけだと思っていた地元の人たちは、本当にあの畑を耕したのだと驚いた。この件があってから、地元の人たちの寮に対する協力度合いが上がっていった。その背景には、桑畑のトッコ掘りはいずれ自分たちがしなくてはならないことだ、という自覚があったが、トッコ掘りをする男が戦争に取られている、という事情があったのである。石橋たちは、合計一町五反歩のトッコ掘りに成功した。そして、このことを「春一か月以上もかかってこの大仕事をやってのけたのである。」[22]と、子どもたち自身の力を石橋は評価している。

　自分たちが耕した畑に作付けが始まる。サツマイモを八反歩、トマトを二反歩、キビ、ソバ、カボチャ、大根、ねぎなどを植えた。この作業はトッコ掘りよりはるかに楽しい作業になったようだ。その様子が「これで全部の畠にみんな植えちゃった。」「みんなに実がなるといいなあ。」[23]という子どもたちの言葉からうかがえる。しかし、収穫までには時間がかかる。石橋の目には子どもたちが「やせていく」「弱っていく」ように見えて仕方がない。元気はある。しかし、「つくりものの元気」のように思えてならなかったのだ。そこで、石橋は秋の取入れまでに手を打たねばと、子どもたちを病気から守る闘いを始めた。

一つ目は山羊を飼って乳を飲ませることだ。隣の藤山村から山羊を一頭買い、弱っている子どもから順に乳を飲ませた。その後、山羊を二頭に増やしている。二つ目はにわとりを飼い卵を食べさせることだ。三つ目は子どもたちを太らせるためにうさぎを飼って、その肉を食べさせることだった。石橋の取り組みが特徴的なのは、山羊を飼えば山羊飼育の自治グループを、にわとりを飼えばにわとり飼育の自治グループを、うさぎを飼えばうさぎ飼育の自治グループを作ることである。つまり、自分たちの生活（生きる）の必要から出てきた仕事はみんなで分担する。その度ごとに自治組織を作り、子どもたちに仕事を任せるのである。のちに見るように、学童疎開時の栄養不足は絶対量が不足していたこともあるが、特に蛋白質、脂肪、カルシウムなどの不足が子どもたちの体調をこわす原因になっていたことに鑑みると、この取り組みはとても重要なものとなっていた。

若杉国民学校の本隊は別所温泉の旅館にいたので、のちに述べるように食糧事情は大変だが温泉には入れた。それに対して鈴子寮ではシラミとの闘いになった。そのため石橋は、別所温泉の本隊にいる大貫校長の許可を得て風呂場建設に乗り出すことにした。この取り組みで最大の困難となったのは、風呂の底板に使う鉄板の入手だった。当時その地域で鉄板を入手できるとしたら、その相手は東塩田村に駐屯している軍隊しかなかった。しかし、軍隊は石橋を自由主義者と断じて協力を拒んだ。困り果てた石橋に助け舟を出したのが村の助役だった。石橋は助役の助言で軍隊から鉄板を入手することができたのだ。こうして完成した風呂場は、一回に二〇人の子どもが入浴できるほど大きく立派なものだった。この時の子どもたちが喜ぶ様子を石橋は、「水道があるわけではないので、子どもたちはみんなで桶の水を汲んで運んだ。どの子もどの子も喜んで、きゃあきゃあ言いながら運んだ。」[24]と述べている。そしてここでも、風呂当番の組織が生まれた。石橋の指導のもとで、子どもたちは、「自治の力」で生活を建設し、生活改善を進めていったのである。

　春から秋までの間は、寮の前の二反歩の畑で毎日のようにとれる野菜を、みそ汁の具やおひたしにして食べていた。毎朝とれるトマトは、工夫をして子どもたちに公平に配分した。そして秋になり、実りの収穫の時期がきた。この時期を石橋は「わたしたちはこれまでを遊んで過ごしたのではない。命をかけて生きてきた証拠と結果がわかる時がきたのだ。」[25]と、誇らしげに記している。

　庭に山ができるほど収穫したサツマイモは、毎日の食事と一緒に、そしておやつとして子どもたちに食べさせた。キビの収穫も相当な量になったので、村からもち米をもらい、キビ餅にして食べさせた。このサツマイモやキビ餅を、別所温泉に疎開していた一年生を鈴子寮に招いてごちそうした。この時の一年生が喜ぶ姿を見て、招いた側の石橋たち教師や鈴子寮の子どもたちが喜ぶ様子を、石橋は「鈴子寮の六年生の子どもたちは労働というものの価値とありがたさを、この時にはっきりと覚えたものと思う。」[26]と述べている。

　一九四五（昭和二〇）年八月一五日の終戦を迎えた石橋は、何としても年内に鈴子寮を引き上げて東京に戻る決意を固め、大貫校長にその旨の進言をした。そして、一一月一六日の引き上げが決まった。およそ八か月の長野県小県郡東塩田村での学童集団疎開を終え、いよいよ東京へ帰ることになったのだ。

若杉国民学校で父母たちの出迎えを受けた時のことを、石橋は『足跡』で次のように述べている。

（前略）鈴子寮の子どもたちは、別所や他の寮の子どもたちよりも太って顔色もよく元気であると喜ばれたがそれは事実でもあり当然でもあった。(27)

二、学童集団疎開の実態

ここまで、石橋の学童集団疎開の取り組みの様子について詳しく述べてきた。しかし、一般的な学童集団疎開が、石橋の取り組みのように行われてきたわけではない。そこで、この項では、学童集団疎開について、どのように行われたのか概要を述べ、①食糧事情はどのようであったか、②子どもたちはどのような役割を果たしていたか、という二つの観点からその実態を明らかにしたい。その実態と石橋実践を比較することによって、石橋実践の意味するところがより鮮明になるからである。

第一に、学童集団疎開がどのように行われたかについてである。一九四四（昭和一九）年二月には、縁故疎開中心であったものが、同年六月には、「勧奨」による集団疎開を実施することを国は決定する。勧奨とは校長が集団疎開の趣旨を説明したうえで、親が自発的に申し出ることを勧めるというものである。若杉国民学校は一九四四（昭和一九）年に、長野県小県郡別所村の旅館四軒に三九五人が疎開している。これが先発隊である。同年九月二五日時点での学童疎開状況によれば、東京都から長野への集団疎開は、割り当て数三万六九〇〇人に対して三万六九七五人で、割り当て数を超えている。割り当て人数を超えて受け入れているのは、栃木県と長野県だけである。[28]一九四五（昭和二〇）年一月、政府は集団疎開を一九四六（昭和二一）年三月まで延長し、三年生を疎開させることを決定。東京都では二月二〇日までに縁故・集団疎開のいずれかを申告させ、いずれにも従わない場合には理由を調査して強力に「勧奨」することとした。東京都は、父兄は劣悪な食糧事情や伝染病発生を知っていて参加を躊躇していると考えて「勧奨」は執拗を極めた。四月以降、新たに五万五八〇〇人が東京都から集団疎開することになった。石橋たちが引率した五四人は、一九四五年（昭和二〇）年三月、若杉国民学校の第二陣として、長野県小県郡東塩田村鈴子公会堂に疎開する。受け入れ予定人数超過の長野県への疎開となった。つまり、戦局の悪化と共に学童集団疎開が「勧奨」という名の強制で行われ、疎開先の受け入れ予定人数を超えて行われ、送り出す父母の目にも、疎開先での困難が予想できるものになったのである。[29]

第二に、学童集団疎開の食糧事情だが、一九四五（昭和二〇）年五月に疎開学童への学校給食用の特別配給が打ち切られ、七月以降は配給される総量が一割削減になった。その結果、一〇歳までおよそ一〇〇グラム、一一歳以上では一五〇グラムも食糧摂取量（一人・一日当たり）が減っている。[30]

このような食糧事情の結果、子どもたちの体重が減少していったことの記録がある。長野県の五加村に疎開した、東京都豊島区時習国民学校五年男子一六名の体重の、一九四五（昭和二〇）年四月から八月の四か月間の変化を測定したものだが、全員に約一～三キログラムの体重の減少が見られる。[31]これは一例だが、以上のように、配給される食糧は減り、その結果として、集団疎開していた子どもたちの体重は、減っていったという実態があることが分かるのである。

　石川尚子氏による馬込国民学校の学寮日誌をもとにした九〇〇食の調査では、献立は主食・汁物・漬物・副食で絶対量は常に不足した。成長期の子どもに欠かせない蛋白質・脂肪・ビタミン・カルシウム・鉄などが著しく不足する食事であった。[32] 埼玉県幸手村と栗橋町に疎開した芳林国民学校の二六七食の分析でも、食事の絶対量が不足していたことが分かる。[33] また、石川氏による立教高等女学校附属初等学校の学童疎開についての調査では、立教や若杉などが疎開した別所村について、「疎開学童の人数は、（中略）学童、教員、寮母を含めると一四〇〇名を超え、疎開人数は当時の別所村人口の二倍以上になった。」[34] と記されている。そして、疎開学童たちの一八五食におよぶ食事の内容の調査データが示されているが、そのデータから、主

【表2　若杉国民学校の学童疎開児童数の推移[36]】

年	別所村	東塩田村	合計	増減（△＝プラス／▲＝マイナス）
昭和一九年	三九五人	—	三九五人	—
昭和二〇年	二八四人	五四人	三三八人	▲五七人

食は麦飯を中心とした「かて飯」で、朝はみそ汁と香の物、昼は野菜のおかず、夜はみそ汁に煮物か香の物という献立だったことが分かる。このような実態に対して子どもたちを受け入れていた地元の旅館組合長が、「ありあわせの野菜でどんな献立をたてたらいいか全く苦労したし、かわいそうでならなかった。」[35]と語っていることも興味深い。この調査の中には、二人の病死者の記録も書かれており、そのうちの一人は若杉国民学校五年生の女児で一九四五（昭和二〇）年九月二七日に亡くなっている。さらに若杉国民学校の様子について述べると、表2で示したように昭和一九年には三九五人だったものが昭和二〇年には石橋たちが引率した五四人が加わったにもかかわらず、合計数が三三八人と五七人減っているのである。つまり、第一陣（別所村）が、先に述べた一人の死亡を含めて、何らかの理由で一一一人も減っていることが分かる。これには厳しい食糧事情が関係していると思われる。

第三に、この食糧難にあたって、各疎開先で子どもたちがどのような役割を果たしたのかについても、石川氏の研究は明らかにしている。先に紹介した馬込国民学校の調査には、戦局の悪化や食料不足の深刻化などから、食料の調達に際して「地元の協力を前提にし、子どもたちの労働をもあてにするなど杜撰な面もみられるものであった。」[37]と記されている。また、日本橋城東国民学校の学童疎開の調査では、子どもたちを受け入れた寺院宛に県の仏教会から送られた当時の文書に「境内地寺有地田畑山林を疎開児童に貸与し蔬菜等自給自足をさせること」などと書かれていることや、食事の作法に「皇恩に報いる」などと書かれていることから、石川氏は「徹底して皇国の少国民育成を志向していた。」[38]と述べている。さらに当時の新聞記事を紹介しながら「主食はまあまあだが、蛋白質が不足している実情、農耕第一の姿勢などがうかがえる。」[39]

とも述べている。これらのことから子どもたちが、訓練の一環として農耕に関わっていたことが分かる。しかし、関わっている場合も「訓練の一環」として子どもたちに命令してやらせている。あるいは、せいぜい「力を当てにする」というような従としてで、主となって自分たちの苦しい食糧事情を改善していこうとするものではなかったことが分かる。この各疎開先での子どもの役割に一つの視点を置いてみると、本章2・一で詳しく述べたように、石橋実践の位置づけが際立ってくるのである。石橋たちが東京へ帰ってくるのは、戦争が終わって三か月後の一九四五（昭和二〇）年一一月になった。

三、この学童集団疎開実践の意味するもの

ここで、今まで見てきた若杉国民学校での、学童集団疎開における生産と労働の実践の意味するものを、いくつかの点についてまとめてみたい。

第一に、子どもたちの食糧確保への関わりである。前項で見たように馬込国民学校では、「地元の協力と子どもたちの力を当てにする」ということであったし、日本橋城東国民学校では、「皇国の少国民育成」のための「鍛錬」として、農耕を第一に考えるということだった。つまり、子どもたちは訓練として食糧確保にかかわるか、せいぜい食糧確保のための「当て」にする程度の存在なのである。しかし、石橋は本章2・一（七七ページ）でもあげた二つの確かな方針をもって、子どもと共同で農耕作業に当たっている。耕作面積をどんどん増やしていくときも、畑が増えればくらしがどのように変わるのかを子どもたちと話しながら、

そして耕作の中心を担う六年生と畑を増やす合意をとりながら、進めたに違いない。子どもたちの自発的な活動を引き出すには不可欠だからである。子どもたちの自発的な力を引き出しているからこそ地元の人たちに、この寮の取り組みは本気だ、と思ってもらえたのである。

第二に、自治組織の立ち上げ方だ。石橋は蛋白質を子どもたちに摂取させるために、山羊やにわとりやうさぎを飼う。このことは、子どもたちにとっては食事が豊かになる道である。これらのことは、生活の必要から生まれた要求の実現なのである。しかし、いずれも日常の飼育を必要とする。それを「〇〇飼育の自治グループ」を組織して、子どもたちの自治活動として組織している。自分たちが生きていくために必要な組織として立ち上がっていく。それは風呂についても同じで、シラミとのたたかいから抜け出す一つの道として風呂を建設する。これも生活の必要から生まれたものである。ここでも風呂当番の組織が立ち上がる。子どもたちは風呂の水運びも苦にしないで、きゃあきゃあと言いながら運ぶのである。石橋の生産と労働の活動は、生活の必要から出発して、子どもたちの自治の力に支えられて、成功していくのである。この取り組みは、自分たちの食糧は自分たちで確保することに道を開き、他の学童集団疎開に見られるような、食糧を人口が二倍以上に膨らんだ疎開地に頼らないことを、実現していくのである。

第三に、石橋の二〇年に及ぶ実践の上で、この若杉国民学校での実践をどのように位置づけるのか、という問題についてである。学童集団疎開に来るまでの東京での六年間は、本章1で述べたように、石橋にとっては「子どもたちの具体的な姿は語らずに時局用語で理論を語る」苦しい時代だった。しかし、本章2・一で取り上げた学童集団疎開実践では、「決定的に実践してみたいと思っていた生産教育を実施する機会に恵まれた」[40]と、意欲を見せているのがわかる。今まで取り組んできた郷土教育や生産と労働の教育で、切り拓いていけば展望が開けるという自信があったのだ。石橋は農協で二反歩の桑畑を借りて、子どもたちと共に開墾する。そこには桑の根っこが土の中に残っていてとても困難な仕事になる。おそらく地元の人たちは、都会から来た教師と子どもに、開墾などできるわけがないと思っていたに違いない。ところが、共同作業で見事にやり切るのである。このことは石橋たちが信頼を得ることにつながり、村の人たちの尽力で軍隊から風呂の鉄板を調達するのに成功する。石橋の打つ手は当たり、子どもたちとの生き生きとした生活が戻ってくるのである。

つまり、この学童集団疎開という世界は、子どもの命と健康を守るという一点で力を出せば、軍国主義教育を超えて、石橋が子どもと共に実践の自由を取り戻せる世界だったのである。石橋は一九四五（昭和二〇）年一一月に東京に子どもたちを連れて帰った。鈴子寮の子どもたちは他の子どもたちよりも太って、顔色もよく元気な姿で父母に引き渡された。この光景を見ながら、石橋はこの八か月の教育実践に充実感を得、自信を取り戻したのではないか。このとき石橋を迎えたのは、天皇制の国家でもなく軍国主義の教育でもなかったのだ。ここから、四谷第六小学校の実践が始まるのである。

〔第二章・注〕

(1) 石橋勝治『著作集　第一巻』三三九ページ所収の城丸章夫氏の「解説」による。
(2) 石橋勝治『足跡』二七〇ページによる。
(3) 同書　二七一ページによる。
(4) 留岡清男「教育新体制と教育者の任務」、『教育科学研究　第二巻第十号』教育科学研究会、一九四〇年、二ページによる。
(5) 同書　七ページ所収の「一身上の弁」による。
(6) 佐藤広美「『教育科学研究』解題」『戦前　教育科学運動史料　1』緑蔭書房、一九九七年、一〇ページによる。
(7) 石橋勝治「総合教育と学級経営（二）」、雑誌『教育論叢　一九四〇年一〇月号』文教書院、一九四〇年、六八ページによる。
(8) 同書　六九ページによる。
(9) 石橋勝治「社会生活の中に位置する子供」、雑誌『教育論叢　一九三九年一〇月号』文教書院、一九三九年、三九ページによる。
(10) 同書　三七ページによる。
(11) 石橋勝治「国民学校案と学級経営」、雑誌『教育論叢　一九四〇年六月号』文教書院、一九四〇年、四三ページによる。
(12) 同書　四六ページによる。
(13) 右に同じ。
(14) 右に同じ。
(15) 堀井喜一郎「『母親組合』の提唱」『教育科学研究　一九三九年一二月号』教育科学研究会、一九三九年、一二ページによる。

(16) 同書　一三ページによる。

(17) 同書　一四ページによる。

(18) 右に同じ。

(19) 右に同じ。

(20) 石橋勝治「学級後援会（母親組合）の建設過程」『教育科学研究　一九四〇年二月号』教育科学研究会、一九四〇年、一二ページによる。

(21) 石橋勝治『足跡』一八三ページによる。

(22) 同書　二八四ページによる。

(23) 同書　二八五ページによる。

(24) 同書　二九二ページによる。

(25) 同書　二九三ページによる。

(26) 同書　二九六ページによる。

(27) 同書　三〇二ページによる。

(28) 当時の数値データは、東京都杉並区教育委員会編『杉並区教育史』、一九六六年　／　逸見勝亮監修・解説『学童疎開　写真・絵画集成　1　親もとをはなれて』日本図書センター、二〇〇三年、を参考にした。

(29) 東京都杉並区教育委員会編　前掲書　／　杉並区立郷土資料館編『特別展「稚心を捨てて」図録』／　逸見勝亮監修・解説　前掲書、を参考にした。

(30) 石川尚子「東京都における学童疎開と食の実態　―馬込第三国民学校を例として―」、『東京都立短期大学研究紀要　創刊号』、一九九七年、八一～八八ページを参考にした。

(31) 逸見勝亮監修・解説　前掲書、一五～一六ページ　を参考にした。

(32) 石川尚子　前掲書、八二ページを参考にした。

（33）石川尚子「東京都における学童疎開と食の実態（2）—芳林国民学校を例として—」、『東京都立短期大学研究紀要　第2号』、一九九八年を参照。

（34）石川尚子「東京都における学童疎開と食の実態（6）—立教高等女学校附属初等学校を例として—」、『東京都立短期大学研究紀要　第9号』、二〇〇五年、七〇ページによる。

（35）右に同じ。

（36）東京都杉並区教育委員会編　前掲書、を参考にした。

（37）石川尚子　前掲書『創刊号』、八二ページによる。

（38）石川尚子「東京都における学童疎開と食の実態（5）—日本橋城東国民学校を例として—」、『東京都立短期大学研究紀要　第7号』、二〇〇三年、一一七ページによる。

（39）右に同じ。

（40）本書　七七ページを参照。

第三章　子どもを対等な学習者に育てる授業論

1　戦前の授業実践に込められたもの

戦後の四谷第六小学校の社会科実践は、社会科の日本でのはじまりとしても、戦後社会科七〇年ということでも、改めて注目を集めている。しかし、その検討に入る前に、石橋の戦前の授業実践について検討したい。それは、戦前の学習に関わる実践の中に、その土台になるものがあるからである。社会科という教科が戦前には存在しないので、教科学習全般に視野を広げたり、地理科の授業に焦点を絞ったりして見ていきたい。

まず私が注目するのは、一年生に対する石橋の指導方針である。石橋は、子どもの要求に合わせて学習を組み立てることが必要だと考えていた。入学したばかりの一年生は、小学生になったら「勉強したい」という意気込みでいる。石橋は子どもたちの、その気分感情を大切に考えていたのだ。だから、学校に慣れさせるという名目で、一年生を遊ばせたり校内を連れて歩いたりすることを優先して、文字の読み書きや数の勉強に力を入れない指導に対して、「わたしはこのような教育には反対であったからまずこの点を改革したいと考えていた。」[1]と批判している。実際に、大船渡小学校で三年目から四年目にかけて一年生を担任した時の実践では、当時の綴方指導の教則では二年生の九月から始めることになっていた作文を、一年生の四月の中頃から始め、五月には文集第一号を発行するまでにした。その後も一、二か月に一冊のペースで文集を発行し続けたようだが、この成果について石橋は「こうなると文字を書き文章を綴る力がどんどんのびる。学力がつくことは明らかである。」(2)と述べている。

遠野小学校でも、校内で「くずとかすのクラス」と烙印を押されていた高等科一年を担任した時、小学五、六年生の国語の教科書が読めることを学習課題として指導した。この時には、教科書から漢字を拾い出してカナを振ったり、簡単な注釈を加えたりした「漢字読み速度（はやさ）帳」という特別教材を、ガリ版印刷で作成している。石橋はこの特別教材を全部の子どもに持たせ「これを使って、家庭でも学校でも読み方の練習をした。五年用が終わってから六年用に進んだ。」(3)という指導を行った。この指導には、「自主自律の力を持った人間を育てるための学習方法を確立し学習技術を身につけさせる」(4)という石橋の教育理念がうかがえる。

このように、入学したばかりの一年生であっても、その意欲に応えてどんどん文字を教え、文が書けるようにしていく。高等科一年生でも低学力だと思えば、二年間さかのぼってでも、丁寧に積み上げる。石橋が構想する教科教育は基礎学力を必要とし、基礎学力をさらに鍛えるものだからである。これらの実践から分かることは、石橋が、学力保障を重視していたということである。

次に注目するのは、「尋一児童の原始姓瞥見」(5)と「尋一児童地理指導の実践と理論」である。「尋一児童の原始姓瞥見」は『教育論叢』に初めて掲載された石橋の実践記録である。大船渡小学校に在職した一九三四（昭和九）年一一月号に掲載された実践である。その「尋一児童の原始姓瞥見」では、「とにかく児童そのものの認識の上に教育を打ち立てて行きたい」[6]と宣言する。

そして、同年一二月号の『教育論叢』に、初めて授業実践が登場する。それが「尋一児童地理指導の実践と理論」である。その中で紹介されているのが「道路」の授業だ。この授業で石橋は、子どもたちを彼らの生活範囲の中から選んだ現地に連れていき、そこに通っている県道や山道、たんぼ道などを見せて観察させ、感じたことを言わせるということに重点を置いている。石橋は文中で「児童はどこへ行くにも道路を通る。道路は児童の生活を繋いでくれる糸である。」[7]と述べているが、その姿勢が実践で示されている。石橋は低学年の地理指導に対して、「道路」の実践で示したように、子どもの生活空間、つまり、遊んだり、虫を捕まえたり、花を摘んだり、土をいじったりという慣れ親しんだ場所と、道路との関係を重視している。そうすると授業の中で、その関係の中から、子どもたちは生活空間の中における道路の意味を表出してくるのである。それが文中の「私は地理生活の実践指導は歩く事と見る事からはじめられる可きであると思う。(中略)実に歩行と観察は地理指導の原理である。(中略)低学年地理生活の指導は決して教科書的地理指導であってはならない。」[8]という記述にも現れている。石橋は、「尋一児童の原始姓瞥見」の中で宣言した「とにかく児童そのものの認識の上に教育を打ち立てて行きたい」という考えを、地理という教科の指導の中で実践したといえる。

第三に注目したいのは、学習参加という観点である。前述の遠野小学校の高等一年の実践では、小学五、六年の教科書を読めるようにした。その上で石橋は「話のできる子ども」にすることを目指した。つまり、次は授業中に発言できる子にしたいということである。石橋は「学習を自律的にできる技術を持った段階に至るまで育てれば、教師のどんな質問にたいしても、多くの子どもたちが生き生きと活動するようになる。」[9]と考えていた。そこで、①教科書を読んで分かったことがあったら何でも口に出して言わせる、②発表できる訓練をする、という段階を踏んで指導した。

「分かったことがあったら何でも口に出して言わせる」というのは、誤解した結果であっても、思い付きでもいい、とにかく口に出す。そうすると、それを聞いていた友達がそれは違うとか、見当違いだとか言って、また、口を出す。このように学習して思っていることを口に出してみることによって、相互に影響を及ぼしながら学習する。そうすると、その相互批判によって学習の質も高まっていくのである。まさに現代の指導にも通じる実践である。

次の段階では、石橋は「子ども同士で話し合う」ように進め、さらに「分団（グループ）の中で相互に集団的に話し合いの学習ができる」[10]ことを目指した。

この発言を通しての学習参加については『著作集』の中でも触れられている。「自治会指導」の時代設定の二段階目に「生活解放の時代」を設定し五点の指摘をしている。少し長いがそれらを引用して紹介する。

1．誰でも、ものを言い得る学級にする。

（中略）

2．お互い同士や教師を警戒しない。

（中略）警戒する事が都合が悪くて、必要がなくなるように生活認識と生活行動とを指導しなければならない。

3．意見らしい意見ならどんなことでも発表する。
（中略）どんなくだらない意見でも、（中略）その事に対する認識については言わせなければならない。
4．教師は必ず初歩に於いては口を差しはさまぬこと。
（中略）教師が口を入れるのは、自治会に在っては子供に口をつぐませるにいい妙薬である。だから子供等の話しているのを黙って聞いて居るべきだ。
5．誰にも関係あらせる様にする。
（中略）どの子供にも関係を持たせる様に、又関係のある問題を協議解決させる様にするといい。[11]

なぜ、ここまで石橋は「なんでも口に出して言わせる」と、子どもの授業における発言にこだわるのか。子どもたちの「そんなん分からん」という発言や、頓珍漢な答えは、今進めている授業への異議申し立てで、その子どもたちの、今追求している内容についての現状認識に他ならない。子どもたちが何も言わなければ、そのまま問題にされず、その子どもたちも分かったふりをして通り過ぎることになる。異議申し立ては、その子どもたちの認識を深めることになるだけにとどまらず、この子どもたちの異議申し立てに応えることで、授業そのものが深まり、学級全体の認識が高まるからである。

第四に注目したいのは、集団で学ぶということである。石橋は、一人ひとりが発言できることを追求しつつ、隣同士での話し合い、ついには分団（グループ）で話し合うことができるように指導していった。その結果、学習が活発になり、効果が飛躍的に上がったことが、石橋の数々の実践に現れている。

第五に注目したいのは、学習計画への子ども参加である。これも遠野小学校の高等一年の実践から得たものである。その単元の目標をつかみ、目的をもって子どもたちと相談して学習目標を設定する。そうすると、子どもたちの学習への参加の態度はよくなる。目標が設定されると、目標を達成するために、学級全体の学習計画を立案する。そして、それは学習計画黒板と呼ばれる、教室の前面黒板とほぼ同じ大きさの特別な黒板に書かれ、子どもたちはそれを見て自分の学習計画を立てるのである。

第六に注目したいのは、石橋による「三段階学習」である。これも遠野小学校における実践によるものだが、石橋は『足跡』の中で「学習の方法過程を「目的、計画、実現、反省、対策」とし、これを成立させる学習の組織は、集団の学習理論をふまえて、「独自学習、グループ(分団)学習、学級全員の学習」の三段階とし

【表3　三段階学習】

	段階	学習内容
①	独自学習	自分の計画に従って、独自に教科書（教材）を中心として調べる。
②	グループ学習	独自学習の内容をグループで話し合い討議することで内容を深める。
③	学級全員の学習	グループ学習を土台として、テーマに従って話し合い討議する中で内容を深める。

た。」[12]と述べている。個々に行う独自学習の中で基本的な理解を深め、そこから出てくる疑問や意見をグループ学習の中で出し合って深め、自分なりの意見をもって、授業に参加する。学級全体の学習の中へは子どもたちは自立した学習者として参加できるので、教師は援助者の役割を担うことになる。この「三段階学習」を表で示したのが表3である。

最後に注目したいのは、花城小学校での尋常四年・五年の「生活内容を重視する私の学級経営」[13]という実践である。なぜ注目するかと言えば、学校の教科学習が、子どもたちの自主的な校外の学習活動を、生み出しているからである。その名を「子供学習倶楽部」という。きっかけは教室であった分団対抗で行われた「読み方仕合い」で二、三分団が負けたことにある。級長の呼びかけに二、三、五分団が応えて始まった。実施するのは月火土の週三回、毎回黒板とチョークと拭き紙と紙をもって公園の音楽堂に集合する。学習内容は明日習うところ。級長、副級長、校長、首席、各教科の先生などの役割も自分たちで決めて、一か月休まずに参加すると、ご褒美がもらえる仕組みまで作って運営している。やがて、一、四、六分団が加わり、学級の大多数が参加する「子供学習倶楽部」に発展する。

石橋はこの実践をとらえて、「協働生活が子供達に意識的に持たれる時は自治生活が始まる」[14]と言っている。この実践は「教育教科経営　高等一年の実践」[15]の中でも触れられている。「自治会指導」の時代設定の三段階目に「必要的地位に立つ時代」を設定し、五つの指摘をしている。そのうち直接関係のあるものを二つ、引用で取り上げて考察したい。

1．この時代になったら子供を生活の必要という立場に立たせて、その必要感を充たし、生活の必要のために生活が高まることを教えねばならない。

2．必要になる境地をつくる。

子供が生活のためにそれが無ければ困るから是非生み出さねばならなくなる環境を作る。(16)

石橋のいう二つの点からいえば、分団対抗の「読み方の仕合い」という仕組みは、「負けた悔しさ」を生み出し、このクラスのリーダー層に「何とかして次に勝つ方法はないのか」という立場（境地）に立たせることになる。言い換えれば「生活の必要」ができたのである。それを原動力に「子供学習倶楽部」という自治生活（生活の高まり＝環境）を生み出したというわけだ。このように教科学習と自治とは深い結びつきがあって、その両者が結びついたときに学習を大きく前進させることになることを証明した実践なのだ。

以上見てきたように、戦前の石橋の授業実践の中で大切にされてきたことは、

①基礎学力を大切にし学力保障をしてきたこと
②子どもの認識の上に立って授業を進めてきたこと
③授業中の発言などを中心に子どもたちの学習参加を進めてきたこと
④集団で学ぶということを大切にしてきたこと
⑤学習計画への子ども参加を進めてきたこと
⑥三段階学習を実施していること
⑦教科指導と自治の力を組み合わせ、子どもたちの大きな力を引き出すことで学習活動を飛躍的に前進させていること

以上の七点にまとめることができる。

もう一つ教育課程の問題に触れておかなければならない。石橋の『著作集』第二巻「生活と自治の学級経営」に、花城小時代の「学級経営実践体型」[17]がある。その中に当時の教育課程が掲載されている。それに従って見てみる。

尋常高等小学校一年の学級経営実践体型によると、教授と生活訓練、養護生活の三つに大きく分かれている。教授は、修身、読方、算術、地理、国史、理科、綴方の七科で、生活訓練は生活訓練（働く子ども）、道徳訓練（助け合う礼儀正しい子ども）、公民訓練（学校のため、地域のため）の三領域からなっている。また、養護生活は丈夫な子どもとして積極的と消極的をあげている。

石橋は以上のような大前提に立って、『教育論叢』一九三八（昭和一三）年一〇月号で次のように述べているので、ポイントとなる部分を三か所引用しながら紹介する。石橋は、「すべての教科が労作的に取扱われて合理的な作業過程を辿らねばならないのであるが、それはどの教科にも共通することである。」として、「此の場合特に教科目中から実業科即ち生産科を抜き出して特に生産教育としての見地から、特殊な位置を与えて、職業陶冶としての経営をする必要がある。」と自主編成を主張する。そして、「これが高等科経営であるから特に中心的なる役割として職業科を抜き出したのであるが、生産教育は決してかかる高学年のみのことではなく、中・下学年の出版物や製作物や、それによるより高次の生活を生み築くことをまで、生産教育と考うべき」[18]と、読方や綴方をはじめ、各教科での生産教育を視野に入れて、時間を生み出していることが分かる。戦後になると教科構成は、四谷第六小学校において、社会、国語、理科、算数などの教科が示されている。しかし、まだ、社会科は戦前にもなかった枠組みで、大きな枠組みができる前から、石橋が始めた教科実践だった。次にその石橋の戦後初期の「社会科」実践について見る。

2　戦後初の『社会科』実践

一、石橋社会科の位置づけ

戦後の石橋の実践検討に入る前に、石橋の社会科の位置づけを明らかにしておく。石橋は社会科創設の思いを次のように述べる。

（前略）修身や日本歴史の授業は停止された。そのかわりに、この社会の現実を内容とした「社会の学習」こそが必要であると考え、わたしはここに戦後はじめての「社会科教育」「民主主義の教育」を開始したのである。[19]

社会には、寒風が差し込む教室、雨の日には登校を阻む雨具、六・三制は二部教授など子どもたちを苦しめるものがたくさんあり、これらを解決することが子どもたちにとっても切実な課題になっている。それなのに修身や日本歴史が停止され、石橋にとっては社会を教える窓口がなかった。この子どもたちにとって切実な問題を学ぶことこそ生活の必要だと思っている石橋は、この社会の現実を学習内容とした「社会の学習」を、一九四七（昭和二二）年六月に立ち上げるのである。そして、「おかゆ」「ぞうすい」「買い出し」を題材とした「社会の教育と生活指導」が、第一回目の社会科指導として立ち上がるのである。

それは融合社会科に位置づく。融合社会科は、「社会の問題」を多角的に多方面から学習することによって、科学的社会認識を育てようとするものである。そこには育てる力として「科学的に認識する力」とともに、「批判し発展させる力」や「行動」まで含みこんでいた。さらに、石橋は民教協社会科研究部員としての「社会科はいかにあるべきか」という報告[20]の中で、「社会科は児童生徒に人間関係とその発展について理解させ、民主的社会生活の実践能力を伸長させる教科であると考える。」と述べ、続く五項目の主張の二項めで「われわれは社会科を、人間関係とその発展に対する科学的理解を与え、民主主義的社会生活を建設し、実践していく正しい態度と能力を養うことを目標とする教科だと考える」と述べている。つまり、社会科をただ社会認識を身につけるだけの教科とはせず、「民主的社会生活の実践能力」だとか、「民主主義的社会生活を建設」していく態度や能力を育てる教科として位置づけているのである。それは、この後第三項で見る「水害をどう扱ったか」の中で、救援活動を組織していくところにもよく現れている。石橋が自身の実践を、「社会の教育と生活指導」と名付けている所以があるのである。

二、信濃町駅

石橋の戦後初期の「社会科」の実践を見ていくために取り上げるのは、「信濃町駅」をテーマにして行われた実践である。この実践は『著作集』の第六巻に掲載されているのだが、記録がしっかり残っていて全容をつかみやすいうえに、授業中の討論のようすを正確に再現できるという良さがある。そこで、授業の場面場面を現代風の指導案に置き換えて見てみることで、当時の社会科授業の全体像を映し出せると考え、取り上げることにした。

一、単元名／教材によせて

題材、つまり単元名の「信濃町駅」は子どもたちの選択による。それは、戦争の時代が終わり、社会が変わり、子どもたちの生活も変わっていくなかで、子どもたちは生活のさまざまな場面で、電車と関わっているからだ。戦争中は疎開のために電車に乗ったことだろう。そして戦争が終わった直後は、両親を手伝って買い出しの電車に乗ったことがあるかも知れない。大勢の人や荷物で混雑した電車の中で苦しい思いをした一方で、家族や友達と電車に乗って出かけた楽しい思い出もあることだろう。このように時代と社会と生活の変化とともに生きている子どもたちに対して、石橋は希望を込めて次のように語っている。

> 昔も「駅の学習」があった。今もまたこうしてできます。ですが、ちがっているのは時代です。ここに解決の鍵があると思います。
>
> 私たち教育労働者の〝ねがい〟は子どもにかけられます。私たちのかけた希望が、より完成されることをねがうものは、現在の忠実なつくりかえに、子どもと共に参加しなければならないと思います。
>
> 次の学習の組み立ては、ほとんど全部子どもの話し合ったものを、私が整理したに過ぎないものです。[21]

子どもたちは話し合いの中で、「信濃町駅」に関わって関心のあるものを次々とあげていった。それらは、信濃町駅（の模型）を作る、運賃の値上げ、今どんな問題でさわいでいるのか、駅員の給料、信濃町駅は誰のものか、働いている人の数や男女の別・年齢、仕事の種類や内容、働く時間、駅で困っていること、混雑のようす、ダイヤのこと、労働組合のことなど、四一項目にも上った。

二、単元目標

この記録の中には単元目標に当たるものがない。どうやら石橋の学習計画からすると、単元目標は子どもたちが設定することになっているようである。そこで、学習内容から類推して、次のような単元目標を設定してみた。

(1)私たちの生活に身近な「信濃町駅」を取り上げることで、生活の中に於ける鉄道などの交通機関の果たす役割をとらえさせたい。

(2)「信濃町駅」で働く人に焦点を当て、そこでの苦労や工夫、困っていることなど、働く人がもっている問題点について考えたい。

前述のように、子どもたちは話し合いの中で四一項目にわたる「関心事項」をあげた。その関心が向く先は、単に生活の中で接し、体験する電車や駅との物理的な関係にとどまらず、そこで働く人にも及んでいる。そんなところにも、石橋の指導の一端がうかがえる。

三、指導計画（学習計画）　全二〇日～三〇日間

この実践記録から指導計画（学習計画）に当たる部分を具体的な言葉で書き出してみると、左記のように、「調査研究」と「共同追究」の二つに分けて示すことができる。これは本章1（九六ページ）で触れた「三段階学習」に当てはめると「調査研究」に「独自学習」と「分団（グループ）学習」が含まれているという構成である。この「調査研究」に少なくとも一〇日以上の時間をとっているのである。

(1)調査研究　子どもたちが立てたテーマに基づいての調査研究

①教室での調査についての協議

②信濃町駅での調査

③調査の考察

(2)共同追究

①信濃町駅の模型づくり

②駅で働いている人の数（授業記録）

③信濃町駅の交通状況（授業記録）

四、授業記録

以上を踏まえた上で、「駅で働いている人の人数をめぐる討論」に注目して考察してみることにする。初

めに信濃町駅で働く人がどんな仕事を何人でしているかの報告が行われている。一部を引用する。

A「私の調査したのでは、信濃町の駅員は、男子二十三名、女子七名で合計三十名です。年齢は、十五歳から二十歳以下の駅員が十三名です。私の調べたのはこのようですが、ほかの人はどうですか。」

B「ぼくのもそれと同じです。それにつけ加えて、戦争前には総員三十名だったそうです。」

C「この人々が、どんな仕事に何人くらいでやっていたかといいますと、出札係六人、出札電信係一人、改札係七人、予備駅務係七人、精算所一日四人というようなふうです。」[22]

ここで、兄が駅員ということで詳しい調査をしていたA児が、「査定定員」のことを切り出した。鉄道従事者の人数が多いということで人員整理を行うということだが、信濃町駅では二一人になるという。九人が失業をすることになるというこの発言から、子どもたちの議論は「首切り」を中心に展開していった。

E「九人の駅員は、そのまま首切りになってしまうのでしょうか。男は何人、女は何人へらされるのだろうか。」

K「ぼくが助役さんに、信濃町駅は二十一名の駅員で間に合うのですか、と言ったら、実際はやっていけないので困ると言いました。ぼくはふしぎだったのです。」

M「どういうわけで、首を切るのだろうか。」

S「駅員さんの説明では、この駅で九人が首切りされます。どういう人たちかというと、十五、六年の若い人とか、女職員とか成績不良の人たちです。」

皆「ぼくらの調査した時もそうでした。」

T「それはちがいます。駅員さんの説明では、九人の人たちは、家の都合で進んでやめるのだそうです。首切り人数は、七万七千名だそうです。」

C、M「そうです。常に駅長さんが、厚い本や地図を見ながら説明してくれました。」

皆「ちがう、ちがう。同じ駅の人の話で、そんな二つのことがあるものか。」

S「ぼくはA君たちと、駅員さん二人と助役さんと調べました。第一ぼくの不思議でならないことは、九人の人がいっぺんに家の都合でやめるということです。」[23]

この展開の中で、駅員によって説明の内容が異なることが分かってきた。T児たちは駅長に聞いたと言い、S児はA児と一緒に駅員二人と助役に聞いたと主張する。つまり子どもたちは、独自であるいはグループで思い思いに、駅員や助役、駅長などに対して幅広く調査活動を行っているのである。だから、駅員によって説明の内容が異なることが分かり、そのことに対する疑問をぶつけ合って議論を深めているのである。

K児の調査では、助役は二一名ではやっていけないと言っているのに九名は首を切られるということが、子どもたちには大きな疑問として湧き出ている。一方でT児の調査では、九名は首切りではなく家の都合でやめるということだから、誰の言っていること、誰が調査したことが真実なのか、子どもたちにはますます疑問が募り、議論を重ねていくことになる。授業の記録から、このような子どもたちの活発な「共同追究」のようすが見てとれる。以下引用する。

T「ぼくはちがう。第一駅長さんは、信濃町駅でいちばんえらいんだ。えらいから、ほんとうだと思うのです。」

C、O、N等「そうだ、そうだ。駅長さんはえらいからほんとうなんだ。」

ここでまた騒然となったが、静まる。

C「先生、校長先生は偉いんだから、何でも先生より知っているんでしょう。」

教師「そんなことはありません。校長先生が何でも石橋先生より知っているとか、できるとかいうことはありません。」[24]

この応答について石橋は「「封建的な盲目的」なものを、子どもたちからはっきりつかんだとき、何ともいえない、いやな気持と、この根性をたたきなおすことこそ民主教育だという勇気が、強く湧き起こってきました。」[25]と、感想を述べている。この後も、子どもたちの意見の対立は続いていく。

A「戦争のとき、エライ人は、私たちや国民にみなうそばかり教えたではありませんか。だから駅長がえらいから、ほんとうだということはありません。」

これでも子どもらは対立して、どうしてもゆずらなかった。兄を駅員にもつ関係で、くわしい調査をしていたAは新聞をもち出し、

A「鉄道省では、整理するといって、このように新聞に出ている。大臣も、長官も、はっきり発表しているではないか。これでもうそだと思いますか。先生、うそですか。」

教師「鉄道復興という考えで、首切りされることになっているということは、ほんとうです。」

S「今やめても、つとめるところがないから、わざわざやめる人はないよ。」

T「でも九人がやめたいのだというんだもの。」
S「勤めていることが都合が悪いからやめるなんて、そんなばかなことがあるか。」
T「首切られるからだよ。」
S「そうだろう。やめれば食っていけないということは、誰だってわかっていることじゃないか。誰が進んでやめるものか。」
T「やめたら会社へ入ればよい。」
S「でも、入る会社がないんだよ。あっても仕事がちがうとやりにくいんだよ。」
A「T君、考えてみたまえ。君の家のお父さんがやめたら、家の都合がよいのですか。」
T「それは困るよ。」(26)

首切りか家の都合で進んでやめるのか、やめたら生活ができないのにやめるわけがない、などの意見が飛び交い、自分の父親が仕事をやめたらどうなるかと、自分たちの生活にも思いを至らせていく。そして、首切りに対するゼネ・ストにまで議論は進んでいく。子どもたちは「駅で働いている人の人数」をめぐって、自分たちの生活に根ざした討議を展開している。討議の中には石橋の指摘もあるが、A児が戦争中の経験をもとに考えたり、新聞記事をもとに討議を進めたりしているところは圧巻である。最後にD児が「先生、判断は、やっぱりぼくたちでやるのがおもしろいですね。」(27)と語るように、自立した討議を授業の中で繰り広げていったのである。

「信濃町駅」の実践は、さらに「信濃町駅の交通状況」についての調査と発表、討議へと展開していく。

ここでは、「信濃町駅の乗り降りが多いわけ」を調べていき、信濃町駅が中央線にあることから、中央線に連絡している路線を調べ、また、それらの路線をどのような人たちがどのような理由で利用しているか、なども詳細に調べている。そして、早朝から出勤して働く駅員の勤務時間や勤務形態なども調べている。

この実践は最後に、駅員の勤務形態についての、次のような一人の子どもの発言で結ばれている。

> 八時間交替と、二十四時間交替と二通りあるそうだ。朝八時半点呼して、次の日の八時半まで仕事して点呼する「二十四時間働く制度」になっている。二十四時間制勤務というのだ。「労働組合」で「八時間労働制」ということをいっている。どうして二十四時間ぶっ通してやるのか、次の日一日休むとしても体がまいってしまう。つかれる、つかれがぬけない。ぼくの兄さんが、工場へ行って二十四時間勤務したら、だんだんやせてきた。仕事もあきる「二十四時間労働制」が無理なんだ。
>
> これでわかることは、「今までの日本が野バン」であった。八時間制、民主主義の日本になったらよくなった。「日本が進歩」したのだ。[28]

題材自体を子どもたちが選び、自分たちが関心を持っていることを四一項目も出し合った。そして、信濃町駅の建物やホームの模型を作り、駅に行って駅長や助役、駅員からいろいろな聞き取りをした。その調査結果を持ち寄って討議を重ね、議論を深めていった。この実践の冒頭で石橋が「学習の組み立ては、ほとんど全部子どもの話し合ったものを、私が整理したに過ぎない」[29]と語っているように、この実践には子どもたちの自立した姿がはっきりと見える。

次項でも、石橋の授業実践に具体的に触れ、その発展を見る。

三、水害をどう取扱ったか

次に取り上げる実践は、一九四八（昭和二三）年一月発行の『明かるい学校』№７に掲載された、「水害をどう取扱ったか」という石橋の論文によるものである。この論文の書き出しは「利根川の決壊にはじまる水害問題は、社会科として、どう取扱われたか述べて見ま《（原文ママ）》しょう。」[30]となっている。

石橋は、「水害」のことが各学級で取り上げられるようになった背景を、カザリン台風[31]で体験した豪雨を社会科の問題として取り上げて自由討議をしていたことをきっかけに、豪雨のひどさや家族が通勤通学で困ったこと、都内が停電になり電車が止まったこと、信濃川の発電所が壊れたことなどが子どもたちの話題になっていった様子をもとに、「生きた社会現象が直ちに生きた社会問題として教室をかけめぐっていた。」[32]と語っている。しかし、当初の新聞報道は台風による影響を過少評価していた。その後「利根川の水が益々増水して遂に堤の決壊となって東京都内へも氾濫した水が流れ込む危険があると心配されはじめた頃から、学級の社会科は台風と豪雨の問題にひきつづいて所謂「水害の問題」をとりあげて学習するまでに展開していた」[33]のだった。同時に教職員の間でも、「水害の問題」について全校で学習することが必要という機運が生まれ、各学級が「水害の問題」を学習することになった。

指導計画はａ「教室での学習問題」とｂ「調査研究」に大きく分かれている。ａでは「水害の実態をつかむ」ことと「水害をどうとらえるか」を内容とし、ｂでは二週間、浦和や江戸川などへ出かけている。子どもたちは二日間の実地調査を次のように報告している。以下実地調査の報告を引用する。

（前略）川の流れは早く、浸水地の人はロープにすがり乍ら家から家へと伝わり乍ら渡り、土手の上には避難民の子供や大人が一ぱいになっており、避難民は食糧に困り水に困っていた。（中略）一面はただ水で残った家や木が水の中に浮かんでいた。（中略）家のこわれたものや、板や木がどんどん流れて行っていた。避難民を救済することが大変であること、大人や老人はもうがっかりして何も手につかない様子だが、青年と子供が元気であって活動していた。（中略）子供たちも目をこわし、がっかり、しょげかえっているものも多いから、何とかしてなぐさめたり、慰問したり、読むもの、見るもの、あそぶものをやるか、下痢になっているので、ちり紙代用の新聞紙でももって行ってやるとよいことや、目薬、腹薬を与えることが大切であること、伝染病が蔓延する危険のあることを痛切に感じて帰ってきた。[34]

罹災地に行って実地調査をした子どもたちの報告から、被害の甚大さが分かる。土手の上に避難した人たちがいっぱいいるという状況、あたり一面は水に沈み、家や木が水の中に浮かんで見えているという光景、そして、壊れた家、板、木などがどんどん流れているようすなどから、調査から帰ってきて報告をしている現時点でも、被害の真っただ中で困っている人々の姿が目に見えるようである。この現状に向き合う中で、「自分たちが次に何をすればよいか」という課題を、子どもたちは見つけている。それは、がっかりしている子どもたちを慰めること、避難している人たちの健康を考えて薬を与えることなどであり、さらに伝染病の蔓延にも気づかいを見せている。

このような報告をもとに、学級での討論が行われ、それが次の「全校少年協議会」へと繋がっていった。以下全校少年協議会の様子を引用する。

（前略）学級協議会が開かれ「水害の学習を徹底的にやるには、水害地の子供たちを救ってやることが大切だ」ということで、全校少年協議会の委員総会を開くように学級代表が要求した。（中略）委員総会が開かれて行動の方針が確立されたのである。

1、現地の慰問は、（中略）六年一組が再び、直ちに明日「平井」地区へ出発し、実地踏査と共に慰問活動をして来ることにし、その結果によって、全校の後続慰問班を編成すること。

2、慰問品を集め、作ること。（中略）絵や紙芝居をつくり、雑誌その他の読み物を集め、学用品も出来たら集めて現地へ送ること。

3、紙芝居、人形劇、演劇クラブ等の活動は、班をつくって繰り出すように組織的にやる。

4、街頭募金は行わないことにし、見舞金はなるべく物でやりたい。

以上の準備を直ちに開始し、明後日中に完了してすぐ発送出来るようにすること。（中略）その席上子供から「この仕事は吾々一校だけでは力が足りないから、他の学校や、子供会のあるところへ連絡して東京都全部が現地慰問活動が出来るようにしたい」という希望があったので、そのことが直ちにとりあげられて、その具体的方法が討議されたのである。[35]

学級での討論から、避難している人たちの救済の必要性が大きく取り上げられ、学級協議会から全校少年協議会の委員総会へと発展し、行動の方針が確立されるというプロセスであった。つまりこの行動は、全校少年協議会の名の下で行われたのである。「水害の学習を徹底的にやること」と「水害地の子どもを救うこと」が一つに繋がるという議論の展開が一つの特徴である。また、その議論を学級内に止まらせずに、全校少年協議会での議論に繋げていくという民主的な手続きを踏んで進めているのも特筆すべきことである。

こうして全校で確認された行動の方針に基づいて、六年一組は翌日直ちに、再度の実地踏査と慰問活動のために平井を訪れることになったのだが、各学級でも慰問のための行動を開始している。この活動は、「集めること」と「作ること」が中心にある。雑誌、その他の読み物、学用品などを集めて届けることと、かべしんぶん、慰問文、絵、紙芝居などを自分たちで作って届けることである。そして、紙芝居、人形劇、演劇クラブ等が、組織的に現地に行くという活動も開始された。子どもたちが、自分たちの手でできることを組織的に、しかもすぐに行動に移している。子どもたちはこのような取り組みを、自主的に行ったのである。

石橋は水害の学習の「目標」として、次のように記している。ここは原典をそのまま引用してみる。

> 水害はなぜ起こったか、その原因を究明し、水害の状態をつぶさに調査研究し、理解を深めることによって関心の度を強くし、これを如何に処理する事が正しいかを見出してその対策を考えたり、批判したりすることから将来への計画をもたせ、水害に際して自分たちはどういう行動をとるかを学ぶ。[36]

どうだろう。科学的な調査研究をもとに理解を深め、そこからさらに関心を高めて、何が正しいかを見出し、批判的な思考も取り入れて将来への計画を持ち、自分たちがとるべき行動を学んでいくという単元目標を設定しているのである。つまり、調査研究・対策・批判・将来計画などは、一般的には社会科の学習として位置づく。これらの学習を踏まえての自分たちがとるべき行動まで、社会科の目標として位置づけているのである。そのため、前述したような、学級協議会の発議によって全校少年協議会を開き、行動計画を立て実行に移しているのである。

その行動の中で、罹災地で開いた座談会と、他の学校へ子ども会を広げていく様子について書かれているところを引用する。

子供たちは土地の青年文化会や校長先生と座談会を開き質問もして、現地の罹災民の収容状況を調査し、罹災民の組織や食糧状況や病人の様子や医療状況（中略）などについてくわしく調査した。区役所の活動の不徹底、無計画、食糧状態の悪化についてのことや桜堤決壊当時の村民の協議と措置、及び青年の活動について聞き、東京都の無策怠慢を具体的に話されたのであるが、教室での学習と照し合わせ非常なる事実との一致点を見て心強かった。

校庭で慰問会を催すこととなったので、（中略）紙芝居会をやって、私たちは四谷第六の子供会の者だが、あんた方も子供会を作って、こんどの罹災のことについても子供たち同志でいろいろ考えてやって行ったらいいだろうということを主張し、この意見が通って「大杉」と「松江」とに分けて子供会を作ることになった。(37)

ここに引用した事実から二つのことが言える。第一にこの座談会は社会の学習としての重大な意味をもっている。現地の人が目の前で区行政の活動の不徹底、無計画、食糧事情の悪化の状態を語る。その語ることと教室で自分たちが学習してきたことが一致したというのである。この事実は「やっぱり自分たちが考えた通りのことが起こっている」と自分たちが教室で進めてきた学習への自信を深めることになるのだ。

第二に、水害の救援を決めた全校少年協議会で、自分たちの学校だけでなく他の学校や子供会にも協力を働きかけようと話し合い、確認をした方針を実現させたことである。社会科で学んだことは行動の必要性を実感させ、他の子供会の参加を呼びかけたのである。これは自治の面からすると、これからも協同を可能にする自治会を四谷第六小学校が持つことになり、自治会としての比較対象を得ることはさらなる自治会の発展の展望につながるのである。

さらに、この学習の位置づけについて石橋の言葉を引用する。

> 翌日の全校児童大会の時に、慰問活動の状況及び実地踏査の報告をしたのであるが、（中略）この大会で明後日第三回演劇班が組織されて出発することに決定した。
> （中略）現在まで述べ来ったような活動を通じて、生活がつくられて行くのであるが、自分たちの仕事について協議会をもって十分批判しながら生活を組織して行くのであって、この生活をつづけて行く過程に於いて本当の社会科を勉強して行くのである。[38]

「この生活をつづけて行く過程に於いて本当の社会科を勉強して行く」ということについては、「ワクの中で泳ぐキンギョのような大人の道徳とかをそのまま、観念的形式的に押しつける「○○はやめること」式の自治組織ではないことが理解されるのである。」[39]と述べている。つまり、学んだことをもとに救援活動をするという生活を続けていくことは、社会の中に可能性をみつける「○○できる」式の自治組織を作っていくことであり、まさに社会制作の力を育てていくことにもなるのである。

次節では、このような子どもたちを育てる石橋の授業論について論じる。

3　子どもを対等な学習者に育てる授業論

これまで見た授業から、子どもを対等な学習者に育てる授業論について述べるために、本章1（九八ページ）で取り上げた戦前の授業実践の中で大切にされてきた七点を振り返ってみよう。

①基礎学力を大切にし学力保障をしてきたこと
②子どもの認識の上に立って授業を進めてきたこと
③授業中の発言などを中心に子どもたちの学習参加を進めてきたこと
④集団で学ぶということを大切にしてきたこと
⑤学習計画への子ども参加を進めてきたこと
⑥三段階学習を実施していること
⑦教科指導と自治の力を組み合わせ、子どもたちの大きな力を引き出すことで学習活動を飛躍的に前進させていること

この七点を土台として論じるのは、戦前の郷土教育や生産教育などが、石橋の戦後の授業実践に継承されているからである。では、この七点を土台に、九つの重要な課題について述べてみたい。

一つ目の基礎学力の保障については戦後も受け継がれている。戦後教育を植民地教育と批判し、従来の一年生の学習内容を二年生でやることに反対し、独自の教育内容を保障しようとしている。さらに重要なこととして、石橋は雑誌『あかるい教育』に掲載された論稿「人民のための学習技術㈡」の、「（二）学習諸活動

内における内容追及の技術」の中で次のように述べている。

> 生活観察ということをとりあげてみよう。ぼくはよく子どもたちに、生活をよくみるということが大切なのだといっている。そのときのみるということは、ただぼんやりとながめることではなくて、積極的に観察するということなのだと話している。(40)

「積極的に観察する」ことは、自分達の生活が現在どうなっていて、それをどうすればいいかという観目を持っていなければならないということであり、現実の生活観察から自分の考えというものを持たなければならないということである。「信濃町駅」の授業で言えば「九人の駅員がやめる」ということについて、二つの聞き取りが対立する場面がある。その時A児は、新聞の記事をもとに、どちらが正確なのかを主張している。また、「水害」の授業でも、被災地の観察が詳しく報告され、その事実をもって、どんな支援が必要かという討論がされている。ここでも事実をしっかりつかむことが基礎学力の一つであり、以後の学習の発展につながっているのである。

二つ目の子どもの認識に立って授業を進めるという点は、「信濃町駅」でも「水害」でも実現させている。「買い出し」などの子どもの生活や、「失業」が学級で話題になっているからこそ、「信濃町駅」の授業に取り組んだのだし、「豪雨」や「洪水」が身近な生活の中にあったからこそ、「水害」の授業に取り組んだのである。

三つ目の学習参加については進展を見せている。石橋は戦前の教育ついて以下のように述べる。

> （前略）当時の教育は（中略）批判の自由、言論の自由のないときであった。このように、人民にたいする抑圧が、人民の基本的権利をみとめないで、ただ天皇制政府、天皇制官僚、資本家たちの地位のよ

うごと、支配権の維持と確立のためにだけ必要な教育をするということだけであった。[41]

そして、だからこそ、戦後の教育は以下のことが必要と主張する。

> （前略）このようにして封じられてきた疑問をもつ教育の方法技術を、われわれは最も重要なものとしてとりあげなければならない。
>
> なぜ必要か、どうしてそうであればよいのか、どんな原因でこうなるのか、ここから出発して、不合理なものや、不正なものへ十分に批判をさせて、正しい生活をつくりあげていくことが最も大切なことである。[42]

この主張から分かるように、ただ発言するということでなく「疑問を持つこと」「原因を追究すること」「批判すること」などを重要視することになる。これらのことも、この章で取り上げた授業実践の中に見ることができる。

「信濃町駅」の授業では「九人の駅員がやめる」ということについて、K児は「ぼくが助役さんに、信濃町駅は二十一名の駅員で間に合うのですか、と言ったら、実際はやっていけないので困ると言いました。ぼくはふしぎだったのです。」と聞きとりの段階で助役に素朴な疑問を投げかけているし、S児は「第一ぼくの不思議でならないことは、九人の人がいっぺんに家の都合でやめるということです。」というふうに授業の中で出てきた事柄に疑問をぶつけている。[43] これらの発言の積み重ねが「偉い人が言っているから正しい」という戦前の教育が重視してきた一つの見方を克服していくことになるのである。

それは、「水害」の授業の中でも言えることで、水害の事実や被災地の様子などからの学習展開が「かわいそう」という同情からの救援に終わっていないことに現れている。ここから学習が行政の責任を問い、この水害は「人災」の部分があるということを追究することになる。その学習の中で、「疑問を持つこと」「原因を追究すること」「批判すること」などが重視されていなければ、このように発展することはないのである。

四つ目の集団で学ぶということについては、分団学習のイメージが豊かに発展している。分団学習をすると、お互いに仕事に責任を持つようになる。分団で競争すると、集団のために本気になってやる。励まし合ってやるので元気が出る。意見を言うときには、みんなで言って決める。それを守らないと責任を果たさないので、他の人にすまない。何か起こるとみんなで相談するから、助け合うし便利である。無茶なケンカはしなくなる。なぜなら、自分の意見が正しければ通るからである。

五つ目は学習計画への子ども参加という課題である。石橋は、この問題に関する考えを次のように述べている。その箇所を引用する。

（前略）学習計画は活動の源泉であるといってよい。（中略）

自主的学習としての学習計画は、学習の目的遂行のために、子どもたちを活動の主体として、彼ら自身に学習方法組織を協議させ、計画活動に参与させて、自分自らの学習活動たらしめるところにある。[44]

つまり、学習計画に参加するということは、自分たちがその学習をどのようにとらえているかを学習計画に反映させるということである。学級のみんなが分かっていれば簡略化し、分かっていなければ、どこが分かっていないのかを明らかにして、時間をその学習に充てるということである。「信濃町駅」においては、自分たちでたくさん出した学習課題のうち、どの課題から学習を始めるかを協議して決めている。また、「水害」では、子どもたちの意識が「台風と豪雨」の問題から「水害」の問題に変わっていくと、それに伴って授業も重点を移していく。そして、水害で人々や町がどのようになっているかを見てきた結果、救援活動を組むというふうに、学習計画が変更されているのである。このように、自分たちの興味・関心や学習したことで、柔軟に子どもたち自身が、自分たちの学ぶ内容を変更していくことができるということは、まさしく、子どもたちが学習活動の主体になるということなのである。

六つ目は三段階学習である。学習を、独自・分団・学級の三段階に分けて行う、学習方法である。四つ目で分団学習を取り上げたので、ここでは特に、独自学習の問題について考える。授業「信濃町駅」では、子どもたちが自分の意見に基づいて討議を繰り広げている。子安潤氏は「初期社会科の捉え方を広げる内実が実践にあるから」という理由で、石橋の「信濃町駅」の実践を取り上げている。[45] そして、この学習の始まる経過や討論の様子を、やや立ち入って紹介した上で、「信濃町駅学習から学ぶ」という項を設けて、「石橋の社会科実践は、第一に、学級の自治活動と結びついている。何を学ぶか、調査の組織編制と手順を学級の自治活動の一環《いっかん》に位置づけて決定している。（中略）教師の指導性との関係はこの記録部分だけではわからないが、子どもを操作する似非《えせ》の自主活動ではなく、「学級自治会は生活を切り開いて行くためのものである」として、毎週土曜日に一週間分の計画を決定していたとある（九〇―九一ページ）。学びの自己決定を行使する先駆的実践と見なすことができる。」[46] と言っている。

しかし、このような学習が展開できたのは、子安氏が言うように学習計画を「学級の自治活動の一環に位置づけて」決定しているとか「学びの自己決定」を行使する先駆的実践だからではない。学習計画の中で、子どもたちの調査活動を独自学習や分団学習として必ず前半に配置し、十分な時間を保障していることにある。十分な調査活動（独自活動＋分団活動）を通して、子どもたちは教師と対等にと言えるほど、いや、一部のことについては専門的に調査していて、教師以上に知識を持っているのである。「信濃町駅」で言えば、解雇される駅員のことを駅長、助役、駅員などから聞き取っている。新聞の情報もある。そういう意味では、この学習において子どもは、教師と対等な関係に立っているのである。石橋が調査や調査から得られる資料を重視するのは、不十分な調査や資料からは、討議の結論が導き出せないからである。

今の教室を思い浮かべてみよう。授業が始まる時点の教師と子どもの関係は、教えるものと教えられるものという関係になっていることが多い。下手をすると、その関係が変化しないまま一単元の授業が終わってしまう。その関係を対等なものにする石橋の取り組みを、「学級の自治」として単純に位置づけてしまうことは、子どもたちを対等な学習者として育てる道を、不確かなものにしてしまうのではないか。学習計画の前半に独自活動としての調査活動を位置づけるというこの方法は、子どもたちがこれから始まる学習内容についての、何らかの知識を得ることになる。そのことは、子どもたちを教師と対等な学習者に育て、「学級の自治」として発展する学習の土台をつくるものとして、位置づける必要があるのではないか。

七つ目に教科教育と自治活動を組み合わせることについてである。このことは授業「水害」で実現している。先にも述べたが、この授業では教室で「こんなに水害の被害が広がったのはなぜか」と討議したことと、慰問や救援活動の中で現地の人たちが話すことが、見事に一致したことである。ここで子どもたちの認識は深まり、自分たちの調査活動から始まる学習方法への確信も生まれるのである。

もう一つの意味は、社会科と自治活動の関係である。このことについて石橋は、次のように述べている。

> 社会発展の正しい方向に立って、社会生活を理解し、社会生活は如何なる態度を以て生活すべきかを理解させ、すなわち社会生活を正しく進める知識、行動力、技術を持ち、それによって、科学的に組織的に生活し、常に基本的人権の確保をめざして、社会的進歩の担い手となり、日常的に自主生活に向って進む準備をさせることを、社会科の任務と規定したのである。(47)

つまり社会科の任務は、学習を通していかなる社会をつかむかである。その学習で明らかになった問題があれば、そのことをどのようにしたら解決できるのかを考え、社会に働きかけることをセットでとらえているということである。その前者がいわゆる社会科であり、後者が自治活動なのである。そうやって組み合わせて学習することによって、社会を進歩させる担い手となって、学校から離れたところでも生活を民主的に発展させることができると考えたのである。

八つ目に学習・授業における教師の役割である。石橋はこのことについて「人民のための学習技術(一)」の中で次のように語っている。以下引用する。

> (前略) 教師は、正しい結論へと発展していくように示唆をあたえ、よき援助者であるということである。だから教師は、明らかに指導者である。ただしそれは、教師にとっては、正しい方向を握っているということが絶対に必要なことであって、民主主義の進展の方向を、どのようににぎっているかということが、最大の問題なのである。(48)

この指摘はとても重要である。教科指導をめぐっては、いつも「子どもたちの生活体験」重視か「系統性」

重視かでの論争がある。石橋が教師の役割を重視するのは、「子どもたちの生活体験」も重視したいが「系統性」も持たせたいという思いの表れである。それは子どもたちが学習計画の立案に参加するが、そこへ教師は「民主主義の進展の方向」という観点から介入していくということである。

「信濃町駅」でいえばC児の「先生、校長先生は偉いんだから、何でも先生より知っているんでしょう」の問いかけに、教師が「そんなことはありません。校長先生が何でも石橋先生より知っているとか、できるとかいうことはありません」[49]と答えたり、「水害」でいえば、ほんとうにこの水害は天災なのか、都などの行政が起こした人災の部分はないのか、あるとすればどんなところなのか[50]、などと子どもたちに考えさせたりしている。見てきた事実をもって判断できるように学習を展開するということは、教師の重要な役割なのである。そのようにして介入して、社会科の系統性をつらぬくのである。

九つ目は学習の権利への位置付けである。当時の日本は終戦直後で、戦争の反省の上に如何に民主主義を打ち立てるかということが一つの話題であった。その中で石橋は以下のように述べる。

> 話をするということ、意見を発表するということは、民主主義教育の第一歩である。自分が一人前の人として、自分の考えていること、自分の意見もだしてそのことに参与するということ、これは基本的権利の実践である。[51]

ここで石橋が言うのは、子どもの権利条約でいう意見表明権なのである。石橋は批准の四〇年以上も前から、子どもが一人前の人として自分の意見をもつことや、その意見を表明することが、実質的に参加に繋がることだと理解していて、それらを基本的人権と位置づけていたのである。

これまで、戦前・戦後を通じて石橋の授業実践について見てきたが、その中で今まで述べた九つのことが、大変重要なこととして浮かび上がってきた。特に重要なことは、子どもたちの生活現実を出発点に、観察技術の訓練、学習計画への参加などを通して、子どもたちが意見表明できる状況を作り出しながら、授業そのものへの参加を作り出していく点にある。教室で得た確信は、教室外や校外へ出ていく自治活動の中で、さらに学習を実証する事実に出会い、学習が深まりを増していくのである。このようにして、子どもを対等な学習者に育てる授業が作り出されたのである。この授業における自治は、次章で述べる全校自治活動と無関係ではないのである。

〔第三章・注〕

（1）石橋勝治『足跡』　五五ページによる。
（2）同書　五七ページによる。
（3）同書　一三四ページによる。
（4）右に同じ。
（5）『教育論叢』誌の本文では『原始性』となっているので、タイトルの『原始姓』は誤植だと思われるが、原文のママとした。
（6）石橋勝治「尋一児童の原始姓瞥見」、雑誌『教育論叢　一九三四年一一月号』文教書院、一九三四年、三八ページによる。
（7）石橋勝治「尋一児童地理指導の実践と理論」、雑誌『教育論叢　一九三四年一二月号』文教書院、一九三四年、四九ページによる。

(8) 同書　四六ページによる。

(9) 石橋勝治『足跡』　一三六ページによる。

(10) 同書　一三七ページによる。

(11) 石橋勝治『著作集　第三巻』　一〇二～一〇三ページによる。

(12) 石橋勝治『足跡』　一四〇ページによる。

(13) 石橋勝治「生活内容を重視する私の学級経営」、雑誌『教育論叢　一九三六年五月号』文教書院、一九三六年、六三～七六ページを参照。

(14) 同書　六六ページによる。

(15) 石橋勝治『著作集　第三巻』　九四～一五五ページを参照。

(16) 同書　一〇四～一〇五ページによる。

(17) 石橋勝治『著作集　第二巻』　二八七～二九二ページを参照。

(18) 石橋勝治「学級経営の理論と実践の展開」、雑誌『教育論叢　一九三八年一〇月号』文教書院、一九三八年、二九ページによる。傍点は原典のママ。

(19) 石橋勝治『石橋勝治著作集　第六巻』あゆみ出版、一九八四年、一三～一四ページによる。

(20) 日本民主主義教育協会編『教育ニュース　第3号』、一九四八年、二ページによる。

(21) 石橋勝治『著作集　第六巻』　一六～一七ページによる。

(22) 同書　二二ページによる。

(23) 同書　二三～二四ページによる。

(24) 同書　二四ページによる。

(25) 右に同じ。

(26) 同書　二四～二五ページによる。
(27) 同書　二六ページによる。
(28) 同書　三一ページによる。
(29) 本書　一〇二ページ「注21」の引用文を参照。
(30) 石橋勝治「水害をどう取扱ったか」、雑誌『明かるい学校　No.7』明るい学校社、一九四八年、一三ページによる。
(31) カスリーン台風。一九四七年に関東地方に未曽有の大雨をもたらし、関東平野を流れる利根川・荒川流域に、堤防決壊などによる大きな被害をもたらした。国土交通省関東地方整備局ホームページ（https://www.ktr.mlit.go.jp/river/bousai/index0000002.html）による。
(32) 石橋勝治　前掲書「水害をどう取扱ったか」一三ページによる。
(33) 同書　一三～一四ページによる。
(34) 同書　一六ページによる。
(35) 同書　一六～一七ページによる。
(36) 同書　一四ページによる。
(37) 同書　一七～一八ページによる。
(38) 同書　一八ページによる。
(39) 右に同じ。
(40) 石橋勝治「人民のための学習技術（二）」、雑誌『あかるい教育　第18号』明かるい学校社、一九四九年、三三ページによる。
(41) 同書　三五ページによる。
(42) 同書　三六ページによる。
(43) 本書　一〇五～一〇六ページを参照。

(44) 石橋勝治「人民のための学習技術（一）」、雑誌『あかるい教育　第17号』明かるい学校社、一九四九年、九ページによる。
(45) 子安潤「初期社会科の見方の転換に学ぶ」、『歴史地理教育　二〇一七年七月臨時増刊号』歴史教育者協議会、四〇～四五ページを参照。
(46) 同書　四四ページによる。
(47) 石橋勝治『著作集　第六巻』八六～八七ページによる。
(48) 石橋勝治　前掲書「人民のための学習技術（一）」一五ページによる。
(49) 本書　一〇七ページを参照。
(50) 本書　一一三～一一四ページを参照。
(51) 石橋勝治　前掲書「人民のための学習技術（二）」四〇ページによる。

第四章　全校自治活動の発展

1　全校自治を発展させたもの

第三章で見た子どもを対等な学習者に育てるということは、その学習の中に自治があるということである。その学習における自治と不可分の関係で発展したのが四谷第六小学校の全校自治会である。石橋の全校自治会の実践は、当時の社会の影響を強く受けている。とりわけ、教員組合の影響を強く受けている。その社会の状況から見ることにする。

若杉国民学校での集団学童疎開から一九四五（昭和二〇）年一一月に東京に戻った石橋は、四か月の間に杉並の教員組合づくりに参加した後、四谷第六国民学校に赴任する。集団学童疎開実践に一定の成功を収め、自信を回復した石橋を迎えたものは、どんな社会だったのだろう。

教員組合による戦後教育改革は、教育における戦争責任の追及と主体的力量の反省に始まり、人民民主主義を志向しながら、教育原理、教育行政、教育制度や教師の生活権確立や教育の自由の確立を中心として、あらゆる問題に改革の努力が注がれた。同年一二月に結成された全日本教員組合は、行動綱領に「学園の自治権確立」「学校委員会の確立」などを掲げ、日本教育新聞の第一号で、子どもたちや父母の学校参加の必要性を説いた。戦後初期の教育運動については土屋基規氏が「戦後初期における教育行政民主化のひとつの到達点は、「全教協」と文部大臣との間に締結された「団体協約」のなかの、人事協議会における教育行政当局と教員組合代表による対等、平等の協議を通じての問題解決ということに求めることができる。」[1]と述べているが、土屋氏はその中で、この日本教育新聞の第一号に、群馬の一教師よりの提案として掲載された、「学校は、国家による上からの教育機構であるから、人民の自主的な下からの働きかけがなかったら、従来のような官僚的な画一的な教育になってしまう。この欠陥を救うために、学区毎に学校委員会が必要になる。学校委員会は、父兄は勿論、教師及び児童生徒代表で構成する。」[2]という文章を紹介している。つまり、学校は国家による上からの教育機関であるから、子どもたちや父母・教職員の下からの声が生かされなければ、戦前のような軍国主義一色の教育になるという主張である。石橋は組合の専従も務めているので、とりわけこの組合方針の影響を受けているといえる。

一方、文部省は一九四六(昭和二一)年五月、『新教育指針』[3]を出している。この『新教育指針』は前編「新日本建設の根本問題」、後編「新日本教育の重点」の二編からなる。その前編に「日本の現状と国民の反省」「軍国主義及び極端な国家主義の除去」「人間性・人格・個性の尊重」「科学的水準及び哲学的・宗教的教養の向上」を述べ、第五章で「民主主義の徹底」を取り上げている。そして、政治上や経済上、国際上、社会生活上などの観点で民主主義を論じた後、第五節で「教育の実際において民主主義をいかに実現すべきか」を取り上げている。その中で、教育制度を民主化し教育内容に民主主義を取り入れ、生徒の人格を尊重し、個性に応じた教育を提唱している。そして、生活や学習において自主的で協同的なものになるように訓練することも主張している。しかも、その担い手である教師自身が、民主主義を自分のものにするための学習をするように、要請しているのである。自主的協同的な訓練を行うときの生徒・父兄の参加については、消極的な面が見られるものの、全体として「民主主義の徹底」という文部省の方針は、石橋にとって追い風になったことは間違いない。

この時期、生活調査と子ども把握も盛んに行われた。子どもを民主化の課題においてどう把握したのかが、これからの教育民主化の中で必要だったのである。新村洋史氏は、石橋がどのように子どもを把握していたのかを、石橋の著書からの引用(4)により、「子どもたちは（中略）この封建的な生活から抜けだしたいとねがい、自分たちの人格を認めてもらいたい、子どもの権利も尊重してほしいという、ブルジョア民主革命への参加の要求をひっさげているのである。抑圧された現在の地位を、いかに克服打破するか、いかにして社会の革命への参加をするか、それは現在の子どもたちのねがいとなっている（後略）」(5)と紹介している。そして新村氏は、石橋が「多くの教員や家庭は、子どもに絶対服従を強いるという現状」(6)であるという子ども把握から、「子どもの基本的人権と人格の承認のうえにたち、自主的・自治的な、子ども自らによる解放と問題解決能力の形成を、民主的教育実践の核心においた。」(7)と述べている。

また、終戦直後の社会は、工場経営者の生産サボ、食糧難、買い出し生活などで生活が困窮し、現代の私たちの生活から見ると、「破壊的危機」にひんしていたと言える。実際に石橋自身も『著作集』の中で、同様の意見を述べている。したがって、子どもたちの教室生活も、この社会情勢の影響を受けていた。

教室の子どもたちの話題といえば、毎日の買い出しや、インフレ、飢饉、失業の話であり、学校に持ってくる弁当は、弁当箱におかゆや雑炊を詰めたものや、さつまいもの弁当だった。そして中には弁当を持ってこられない子どももいたのだ。そのため学校では弁当の盗難がたくさん起こった。そんな学級には秩序もなく「ボスの子ども」が勢力を持ち、他の子どもたちの正しい意見など問題にされなかった。[8]この状況を社会の問題から切り離して、「子どもたちだけの問題」にすることはできなかった石橋は、『著作集』の中で「子どもは社会の子どもである。このような盗みの現象が起こるのはむしろ当然のことで、子どもたちだけを社会から切り離して考えることはできない。」[9]と述べている。このような社会状況は前章で述べた社会科を生み出すもとになったが、同時に子どもたちの生活の中に自治を立ち上げる必然性が石橋の中に生まれた。石橋が指導して立ち上げた「全校自治会」の「規則」が『著作集』に紹介されているので、その要旨を以下に紹介する。

> 全校自治会の目的は、子どもたちの生活のことは、社会のことも、町のことも、学校のことも、学級のことも、子どもたちの力で協議し、計画し、解決し、実行することである。その進め方は、まず学級自治会から全校委員会に問題を提案し、全校委員会で協議する。その結果を直ぐに発表して実行することもあれば、問題によっては学級自治会で再協議して意見をまとめる。その後に全校自治会の総会か児童大会で協議し、決定する。全校自治会には教師も参加して意見を出す。[10]

つまり、石橋のつくる全校自治会は、自分たちの生活に関わることなら学校の課題も、町の課題も、社会の課題も、自分たちの力で話し合って解決していこうとするものだったのである。

また、四谷第六小学校では、父兄と教師の協議会も設置されており、そこには子どもも参加できて、しか

【表４　「全教」の子どもをめぐる政策・運動と石橋勝治　　三つの発展段階
1945 年８月～ 1949 年９月（1950 年２月）】

時期		「全教」の政策・運動	石橋勝治
第一期一九四五年八月～	一年五か月	1945/12/1 全教結成 生活権闘争 ①子ども把握 ②教育条件整備 ③子ども自治会づくり 1946/1 ～４ 学校管理闘争 ①土浦市霞ヶ浦学園 ②小田原商工学校 ③東京綾瀬高女 ④公立中等学校	1946/4　四谷第六小学校赴任 初等科５担任 「おかゆ」「ぞうすい」「買い出し」の授業 ①子どもの生活調査 ②子ども把握 ③民主的教育実践 ｉ自治的な子ども自らによる解放 ⅱ問題解決能力の形成 授業「信濃町駅」 1946/6　日教労中央委員になる ６　学校運営委員会を組織する ７　専従
第二期一九四七年二月一日～	一年二か月	1947/2/1　スト禁圧 3/3　全教協「学校委員会」構想 3/22　全国少年協議会結成 （四谷第六小学校） 12　民教協「教育復興について」発表 1948/1　ロイヤル米陸軍長官反共演説	1947/2　現場復帰 全校少年協議会誕生 『少年協議会今後の展望』 （週刊教育新聞） 1947/4　新宿区四谷第六小学校６年担任・文部省社会科教科書検定基準作成委員となる
第三期一九四八年三月～一九四九年九月	一年六か月	1948/3　日教組臨時大会「教育白書」 ６　中央教育復興会議 ７　政令 201 号 10　民教協「新しい教育の創造について」 1949/9　人事院「政治的行為」に関する人事院規則を制定・全国教育長会「進歩的教師」の追放決議	1948/4　１年担任 ８『私たちの討論会』 （図書刊行会） 11『子ども自治会の指導』 （社会書房） 1949/4　２年担任
			1950/2　レッドパージ

新村洋史「戦後初期　学校の民主化と子どもの自治活動―「全教」運動と東京・四谷第六小学校―石橋勝治の教育実践を中心として」、教育運動史研究会編　季刊『教育運動研究　創刊号』あゆみ出版、1976 年を参考にして、筆者がまとめたものである。

も教師と同じ権利のもとで発言することが保障されていた。

なおここで、戦後の五年間を新村洋史氏に従い、教員組合運動とのかかわりで三つに分けたものを表4にまとめてみたので参照してほしい。石橋は組合専従を務めるなど、組合の影響を強く受けていたので、「全教」の子どもをめぐる政策や運動との関係で、石橋の実践を見ることは重要だからである。

2　学校生活問題を解決する共同

石橋の四谷第六小学校の全校自治会は、様々な課題に取り組んでいるが、まず学校生活に関わる問題についてどのように取り組んでいるのかを見てみたい。ここでは日常生活問題として「野球」、その野球と裏腹の関係にある「めんこ」、行事として「運動会」、問題児の指導として「不良児童団の解消へ」、最後にもう一つ、日常生活上の深刻な問題「上靴」などを中心的に取り上げる。

一、「野球」「めんこ」をめぐって

まず野球問題である。「学校で野球をやるとガラスが割れる」という批判から、「どのような遊びをしたらよいか」という議題が、ある学級から全校委員会に提案されたことがきっかけとなった。全校自治会の臨時総会でいろいろな遊びがあげられたが、結局、野球問題が中心の議題になってしまった。そして議論の結果、

各組がチームを作って組織的に学年ごとの組み合わせによるトーナメント形式の試合を行うという、組織的な活動へと発展をしていった。

こんな問題が出されたときは、野球禁止が決まって終わってしまうことも多いのに、この野球問題では日常のトラブルが野球のトーナメント戦になり、新しい秩序となった点で、組織的な発展をみている。しかも、運動用具は学校が用意し、それを分け隔てなく全員が平等に使うという決まりも作っている。また男子の野球問題に批判的だった女子も、その当時、一年から六年までの子がごちゃまぜになって校庭で遊んでいたデッドボール[11]を、男子と同様に組織的な大会として行うようになった。女子も、不満の裏にある要求を実現した形になったのである。

この成果を石橋は「うるさかった野球もんだいも解決され、見事に組織の力によって生活が組織されていったのである。」[12]と述べている。

組合専従から帰ってもう一度五年生の担任をした石橋だったが、かつての教え子たちは、「荒れ果てて何の教科生活もない子どもたち」に戻ってしまっていた。だが、その子どもたちを注視すると、五年の初めにできたグループの芽は野球に伸びている、「遊びの秩序」として展開していることを発見するのである。つまり、この全校自治会の取り組みは、遊びの自治を生み出していたということになるのである。

次に、めんこ問題である。野球問題と同時期に、男子の間でめんこが流行していたことから起きた問題だが、これは子どもと遊びの関係を実によく表している。
教室でさかんに流行しだしためんこについて、自治会がとりあげて討論したのだが、女子の多くはめんこに反対した。しかし男子から、自分たちがめんこをやめるのならば女子もおてだまをやめるべきだ、との声があがった。大論争の末に、男女一緒の採決となり、結果は大多数がめんこをやめないことに賛成した。しかしその後、野球が組織的に行われるようになっていったことから、子どもたちの間からめんこは姿を消したのである。

この二つの実践が物語るものは、子どもと遊びの関係である。子どもは禁止されればその禁止された遊びを執拗にするものだ。しかし、遊んでもいいとなっても、この野球のように他に魅力的な遊びが盛んに行われれば、自然と姿を消してしまうということを表している。これは子どもたちの生活を作っていくうえで重要な示唆を与えている。石橋はめんこ問題について、「学校はこれを徹底的に禁止する。（中略）なんの理由もなく、子どもたち自身の問題ともせずに、頭ごなしに、ただいけないからというので禁止する学校がある。」[13]と、学校を批判している。これは石橋が、めんこの「熱心な愛好家」がいることを知っているからであり、めんこのことぐらい子どもたちの討議に任せれば「遊びの秩序」は形成できるという、子どもへの信頼が石橋にあったからである。

二、運動会を子どもたちの手で

第二に、行事の指導として「運動会」についてみる。

運動会をいつごろ、どんな形で行ったらよいかということが全校委員会で協議されると、そのテーマについて学級ごとに討議を行い、その内容を各学級の委員が全校委員会に持ち寄ることになる。一方で教師の側も、新しい運動会について討論し計画を整えていく。全校自治会には、教師側の代表と指導担当者が出席するしくみになっている。この教師側と連絡を取り合い、学校側の意向を聞き、中心となって会議を進めるのが、全校委員会の議長である。どのような運動会にするか、盛んな討議の結果決まった「目標」は「私たちの運動会だから、私たちの力でやる。おもしろくてたのしい運動まつりのようにする。」[14]であった。そして、プログラム、案内状、校門アーチ、旗つり、道具の事前点検などの事前準備も子どもたちでやり、集合、出発、決勝、記録、放送・音楽、会場整理などの当日の仕事も子どもたちで分担した。

当日の様子を石橋は、「ほとんど子どもたちの指揮で進行した。見る態度というようなものもおどろくほど整然と秩序正しく行われたので、職員一同はおどろいたのである。」[15]と記している。さらに「この活動によって子どもたちの社会生活のしかたが高められるのである。」[16]と評価している。

このように石橋は、目標を行事の成功に置くとともに、「社会生活のしかた」の向上に置いていることが分かる。ここでも子ども信頼の上に立って、行事を子どもたちの力で組み立てているのである。

三、不良児童団の解消

第三に、この社会情勢の中で生まれてくる「不良児童団」についての実践に触れる。

この一九四六（昭和二一）年当時は食糧事情がとても厳しく、各家庭では食事にことかくことも多かった。

そんな中で、不良集団を率いている素振りなど少しも見せない一人の子どもの命令で、配下にされた数人の子どもたちが、食糧や金品を持ち出すことを強要されていた。言うことを聞かなければ酷いいじめを受ける。自治会を開いても、仕返しを恐れて口を開かない。それどころか、組織が強化され懐にドスを忍ばせて脅かし始めた。担任が首領である問題の子どもや親を呼んで話をしても、解決には至らなかった。困り切った学校は、問題の子どもを他校に転校させようともした。そのことについて石橋は、「この子をひきうける学校はどこだって困るにきまっているし、またそれを知っていて、知らぬふりして他校へかわらせるようなことは、学校としても教師としてもやるべきことではない。」[17]と断じて批判している。結局、問題の子どもを指導することが教師としての務めである、という石橋の信念に同調する教師もいたことから、この問題への組織的な取り組みが始まったのである。

石橋たちはまず、本人に対する指導を徹底して行った。その様子を石橋は、「親にてっていして事実をぶちまけてドロをはかせたのである。」[18]と述べている。次に、自治の組織強化を図っていったのだが、その時のポイントを以下に抜き出して並べてみた。

●学級では自治の組織を強化し、自主的生活をさせるようにどんどん仕事を進めていった。
●いままで子分であった子どもたちも学級の解放されようとする自主的生活にたのしみはじめるようになっていった。
●つぎつぎに子どもたちの要求や希望が問題となって、自治生活が展開されていった。
●いろいろな児童間の問題は公然と全生徒の前にさらけだされるようになってきた。

●陰謀組織生活がもちこたえられなくなってきた。
●学校自治会の総会場で、公然と、この不良団の問題や活動がとりあげられて討議されるようになった。
●子どもたちの大討論の末にこの子もあやまった。[19]

ここまでくると、指導の成果も出たので一段落と考えてしまうところだが、石橋は「これで問題が片付いたのではなかった。この子どもにどんな作業、生活を与えるか、この子を組織の中でどう働かせるかということも問題となることであった。」[20]と、今後の課題を提起している。

本人に対する個別指導を徹底して進めつつ、他方で、抜き出したポイントのように、集団として生活を豊かにする活動はいつも通り進める。その中で、これまで支配されていた子どもたちも、自分たちの願いや要求が実現していくことを目の当たりにし、その生活を楽しみ始める。自治会による組織的な活動は、本来、自分たちの希望や子どもたち相互の中の悩みなどを、持ち出して解決する場となっていたので、支配されていた子どもたちも、自分の悩みを出すようになる。そうすると「陰謀組織生活」は崩れていく。それは集団の中の力関係の逆転を意味し、不良児童団から受けていた不利益についても、全校自治会で取り上げられるようになる。

しかし、この段階では集団の力で抑えただけで、「首領」の子どもへの指導は完結していない。そこで、この子がしたい「仕事」を見つけ、その仕事に見合う「組織」に位置付け、子ども集団の力を頼みにして、値打ちのある「生活」を作っていく中に、この子どもの再生の道を描いているのである。これは戦前の中山一郎の指導（五四ページ参照）のように「個人指導と集団指導の統一的展開」を目指したものである。

四、上靴問題は父母と協議しながら

戦後の困窮の時代では、一足の運動靴を子どもに与えるのさえ、親にとっては大変な負担であった。そんな状況から「上靴問題」は発生したのだが、この問題に取り組む手段として「父兄と子どもと教師の合同協議会」が試みられた。その経過はこうである。

運動靴を一足しかもっていないので上靴がない。そうすると、教室には土足のまま上がることになる。雨降りの日は、いくらきれいに掃除しても教室の床はすぐに泥だらけになってしまう。このことが職員会議で大問題になり、子どもたちと教師の協議会が開かれる。その結果、下駄箱を教室前の廊下に持ってきたり、はきものを教室の入り口にそろえたりとやってみる。しかし、冬になるとたびをはいたり、はだしのままで教室を歩かなければならなくなった。子どもたちは冷たさに耐えきれなくなって、教室でまた靴を履くようになった。それでも、子どもたちの自治会は、古いズック靴の底を利用して上草履を作るなどの工夫をしたが、間に合わなかった。そこで、父兄との合同協議会を開くことになったのだ。話し合いの結果は、下靴のまま教室へ上がることを認めるというものだった。この一連の取り組みについて石橋は「こうして靴についての父兄と子どもの合同協議会がはじめて開かれ、教育への父兄の参加ということが試みられたのである。」[21]と述べ、その大切さを指摘している。

このように、子どもたちだけで解決できない問題は、教職員や父母との二者協議会、三者協議会を開いて切実な問題を解決する仕組みも、この全校自治会は持っていたのである。

この他に児童会の文化活動も行われた。小演芸会や人形劇の会を行っている高学年の学級自治会が、上演時間や会場を学校内の各クラスに「今日は六年一組の演芸部は○○の劇をやりますからみにきてください」(22)と知らせて、全校の子どもたちが自由に観劇できるという取り組みである。石橋はこの活動を、「低学年と高学年を一本のロープにつなぐことにもなり、低学年の子どもたちが学校の社会生活は、このようにしてやるものであるということを、自治会の組織活動の実際を通して認識していくことにもなる」(23)と位置付けている。

また、第三章で紹介した、教科を出発点として全校自治会活動の慰問や救援活動から、他の学校に自治会を作るように呼びかけ、つくらせることに発展した「水害」のような場合もある。

次節では、他校との関係やこの時代ならではの制度的要求について、どのように取り組んだのかを見て、四谷第六小学校の全校自治会について先進性と課題をまとめたい。

3　全校自治会の先進性と課題

一九四六（昭和二一）年の四月の子どもと学校を取り巻く社会状況は、民衆はその日その日の生活に困り、食糧不足に陥り、着るものも不自由だった。学校はといえば、ガラスが割れて冷たい風がビュービューと吹き込み、机や腰掛が壊れ果て、電気も消えて、掃除用具もなかった。さらに、六・三制が実施できず二部授業や三部授業が行われていた。子どもたちは勉強したくても学用品がなく、ノートも反古紙を綴って利用し、絵の具もろくに持っていなかった。その上、教科書の配布もなかった。雨が降ると雨具がないので学校を休む子がいたし、毎日のように買い出しに行く子もいた。お弁当といえば、おかゆ、雑炊、菜葉入りの食糧だった。

この状況下でスタートしたのが四谷第六小学校の全校自治会だった。この会の特筆すべきことは、学校管理と運営に子どもの代表として参加している点である。学校の管理運営を行う「学校運営委員会会議」のメンバーは、教師（職員会議）の代表の校長、学校分会（組合）の代表、ＰＴＡ代表と少年協議会（児童自治会）の代表で構成される。つまり、学校のことなら何でも、子どもたちが学級自治会で要求を集約して、意見を言うことができるということなのである。この会の目的は、本書の一三一ページで紹介したように「子どもたちの生活のことは、社会のことも、町のことも、学校のことも、学級のことも、子どもたちの力で協議し、計画し、解決し、実行する」ことである。「学校のことも、学級のことも」協議し、計画し、解決し、実行するというのは、その通りであろう。しかし、「社会のことも、町のことも」とはどういうことだろう。これは、自治会の活動を「私たちに関係ある世の中の問題やできごと」であり、「私たちの生活の問題や産業や経済の問題」であると位置づけているからである。

石橋は『著作集　第四巻』で「民主主義と自治の学級・学校経営」について記しているが、その二二七ページから二二九ページで「自治会の組織」と「全校児童会の活動」を組織図で示し、活動項目を箇条書きで示しながら、「われわれの教育は単に自然に流れるとか、無規律、放縦の教育であってはならない。教師は民主主義教育における指導性を発揮し、所期の教育効果をあげ、民主主義社会建設への社会的訓練を必要とする。自主的実践的な認識活動体としての組織即ち学校自治会をもうける。」(24)と述べている。全校自治会のことをもう少し詳しく見るために、石橋が示した活動内容から特に九項目に注目したい。なお、各項目の番号は筆者が付けたものである。

その九項目とは、①時事問題／②生産経済の問題／③児童生活問題／④地区からの問題／⑤学校生活の改革、責任、規律、行動／⑥学習生活の問題／⑦学校学級自治の運営／⑧学校内の各種の施設や設備の保護修理その他の作業／⑨自治の活動の分担勤務、である。この内「学校のことも、学級のことも」に当たるのが③⑤⑥⑦⑧⑨であるといえる。しかし、先の社会状況を考えると③には弁当や給食、雨具の問題が入ってくるし、⑥には二部授業の解消や教科書配布、学用品問題などが入ってくる。また、⑧にはガラス、机、腰掛、電気などの修理が入ってくる。つまり、一見学校内部で解決できる問題のように見えていても、それは社会が解決するべき課題や、制度を変えなければ解決できない問題とつながっていることが、当時は子どもたちにも容易に見ることができる状況にあったということである。なぜなら、子どもたちの間でも家庭でも、話題になっていたことだからである。

石橋は、この自治会を指導のするときの教師の態度についても、次のように語る。

> 子どもたちの基本的人権と人格の承認の上に現在の子どもたちを正しく解放し、子どもたちの真の希望が遂げられ、正しい人間として生きられるように自主性を獲得し、自分たちの生活の秩序も考えて生みだし活用して住みよい社会や学校をつくっていくのが自治会の活動である。（中略）われわれは民主主義的な日本をつくるために、（中略）民主主義教育のために、学校社会、学校教育の民主化にたいして限りない熱情をもつものである。この目標に向かって子どもたちとともにすすんでいるのである。（中略）

われわれは変革されつつある社会の中にあって、教師における主体性と指導力が充分発揮されることを考えるものである。[25]

このような石橋の考え方がよく分かる全校自治会の活動をいくつか見ていく。

一、「全国少年協議会」結成大会

石橋が残した記録や著書などによると、「全国少年協議会」の結成大会が行われたのは、一九四七（昭和二二）年三月となっている。会場は四谷第六小学校であった。当時の写真や映像の記録を調べてみると、壇上には垂れ幕が下がっていて、そこには「六三制を四月から完全に実施して下さい」「つゆまでに安く丈夫な雨具を下さい」など、子どもたちの要求が書かれていた。垂れ幕は全部で七本下がっていて、他には「今すぐに窓ガラスを入れて下さい」「よろこんで勉強できる学用品を」「必ずなくせよ二部教授」「安くて丈夫な運動靴を」「学校美化に丈夫な掃除道具を」などの要求が並んでいた。[26] 目の前の社会現実から出発した、子どもたちが実現して欲しいと願う要求である。この結成大会には、いくつかの全国の少年協議会が集まって、みんなでこの七項目について要求し実現していくために力を合わせようとしていた。

二、衆議院への請願行動

ＮＨＫのサイトでは、残存する過去のニュース映像が見られるようになっている。その中に、四谷第六小学校の子どもたちが、当時の高橋文部大臣に、自分たちの願いを直接伝えたというニュースが含まれている。(27) ニュース映像は一九四七（昭和二二）年二月一五日のできごととなっているが、この行動を取り上げた『石橋勝治著作集　第五巻』には二月一八日のできごととして次のように記されている。

（前略）代表高二の小川君ほか二六名は（中略）全校児童の見送りをうけて、衆議院におもむき文部大臣及び各党代表代議士に面会を申し込んだ。十五歳以下の請願は受付けぬというきまりを押しきり、更に面会は二〇名以下という院内各派交渉会の申合せを押しきって、午後三時半各党代表議員との会見に入る。（中略）少年協議会委員長小川誠一君が次の決議文を読みあげ、各代表児童から各要求項目について自由に実情を説明する。

決議

一、給食を毎日やってください
一、給食を無料でやってください
一、炊事する人の手をふやしてください
一、ヤミの給食をやめてください(28)

この後で子どもたちは、要求の理由を一項目ずつ説明している。たとえば一つ目は、現在の給食は週二回なので、弁当を持って来られない子どもが困るという訴えだ。二つ目は、毎月の給食費が一二円なので、五人の子どもがいたら月六〇円になり、とても生活できないということだ。三つ目は、炊事の人手が足りないので硬い大きな大根が入っているから、先生が炊事の手伝いに行くことになる。そのため自習になってしまうことの問題を指摘している。四つ目は、学校は給食の材料をヤミで購入しているので、学校がヤミで購入しなくてもよいように配給をして欲しいという要求だ。

この一連の請願行動は、午後三時半から五時まで行われた。子どもたちは各党代表の代議士や文部大臣に対して質問を投げかけたり、代議士たちの質問に懸命に答えたりして、自分たちの切実な要求であることを強く訴えたのである。

三、「「先生方にお願い」メッセージ」とその他の取り組み

一九四七（昭和二二）年一二月に結成された「日本民主主義教育協会」（略称・民教協）に対して「先生方にお願い」という少年協議会代表のメッセージを送っている。そこには、「民主的な教育」を行っていこうという教師や父兄たちによる新しい団体に対する、子どもたちの強い期待がうかがえるのである。

子どもたちの希望は、勉強をするための環境整備や学習に関わる内容にも及んでいる。勉強をするための環境については、これまでも学校自治会の活動などで触れてきたことだが、寒さ対策としての暖房設備の導入、窓ガラスの修復、雨具の完備などをあげている。学習内容については、理科・算数・国語・社会の教科

に触れて、教科書内容の改善、授業に必要な道具や材料の整備を求めている。さらに、教科書配給の改善、全国の学校への学級図書館の設置、勉強に困ったときに相談できる勉強相談所の設置、「子どもたちの希望や教育」をテーマにした教師と子どもたちによる座談会の設置、などを求めるとともに、先生方が研究して「新しい教育」をしてほしい、よい教科書作りをしてほしいと、教育内容や教科書作りに対しても積極的な希望を出している。そして最後に「これがぼくたちのお願いです。ぼくたちの協議会できめたことです。ぼくたちは代表としてまいりました。先生方、しっかりやって下さい。」[29]と結んでいる。

このような子どもたちの行動にも、前述の「石橋の考え方」が、現れ始めているのではないだろうか。

この他、子どもたちが行った行動について石橋は、教員の待遇改善や教育復興の問題や米よこせの大会等に子どもたちの代表として石橋のクラスの議長であった吉本繁が参加して、子どもたちの切実な要求を訴えたこと、教員組合の大会後に文部省へ行き高橋誠一郎文部大臣に面会して教科書の配給や教育復興を要求したこと、そして、後の田中耕太郎文部大臣は要求に応じないで逃げてしまったこと、などを著作集の中に記している。[30]

四、反省と将来の希望

石橋は自らこれらの実践の「反省と将来の展望」という項を設けて、次のように実践の点検をしている。

(1) どんな場合でも問題は指導者にある。(中略)指導者が指導の方向を誤ったらなんにもならないのである。

(2)(中略)いかなる生活事実、生活のもんだいがとりあげられたかということである。ほんとうに子どもたちが、目かくしされずに、正しい意識の下に切実な必要に立って問題がとりあげられるかどうかということである。

(3)(中略)子どもたち大衆の真の意志であるかどうか、全員の真の問題であるかどうかということである。

(4)(中略)下部組織と下部大衆、下部機関と、組織の上部機関との連結が直結するようにしなければならない。(中略)組織の運転をたんねんにくりかえして、自覚させて行くということである。

(5)(中略)自主的に生活させるということは、決して、子どもたちの興味ということではなくて(中略)子どもたち自身を民主主義教育の方向へ、ぐんぐん進めてやることだ。これが自主性をもった指導というものである。教師の勝手であってはならない。[31]

この石橋が挙げる実践点検の観点も参考にして、四谷第六小学校の全校自治会の実践の先進性についてまとめてみたい。

一つ目に、子どもたちの目の前にある生活から出てくる切実な要求を取り上げているという点だ。「野球」「めんこ」「不良児童団」にしても、「上靴」「給食」「雨具」「教科書」にしても、子どもたちが「何とかしたい」と思っている問題をテーマとして取り組み解決を図ろうとしている。だから、取り組みに子どもたちの真剣さが現れている。

二つ目に、「野球」にしても「めんこ」にしても、禁止するという安直な方向に実践を進めるのではなく、子どもたちの生活が発展していくように取り組んでいる点である。野球問題は、この話し合いの結果、トーナメント戦が組まれるようになり、「遊びの秩序」が生まれる。「上靴問題」では、教室では靴を脱いで寒さ対策を考え、新しい教室のルールづくりに努力しているのである。このようになるのは、石橋たち指導者は「トラブルがなくなるところ」に目標を置いているのではなく、「このトラブルを通して、みんなの要求や思いを出し合い、新しいルールや遊びの秩序を生んでほしい」というところに目標を置いているからである。つまり、民主的な話し合いを元に、民主的な社会を自分たちの力でつくっていく力をつけてほしい、というところに目標を置いているということである。石橋は組合専従から現場に帰って、担任していた五年生を受け持つ。今までにつけた学習する力が、すっかり元に戻っているのにがっかりするが、野球に一生懸命取り組んでいる子どもたちの姿に展望が見出せるのも、こんな見方ができるからである。

三つ目に、学校の管理運営に子どもたちを参加させている点だ。本章２（一三三ページ〜）でも取り上げたが、子どもたちが学校生活問題を解決していく上で必然的に、学校の管理の問題に子どもたち自身が参加していくことになる。例えば上靴問題は、すでに、子ども、教職員、保護者の三者で協議して解決すべき必然性を示している。その中で当事者たる子どもの存在が大きなものとなっている。本章１（一一九ページ）で取り上げたことだが、日本教育新聞第一号が、群馬の一教師よりの提案として掲載した文章は、学校は「国家による上からの教育機関」であるから「人民の自主的な下からの働きかけ」がなかったら、「従来のような官僚的な画一的な教育」になってしまうと、「学校委員会の設置」を提起していた。これは全日本教員組合が、戦争中の軍国主義教育を体験した石橋たちの、教育の民主化への切実な要求を方針にしたものに他ならない。その方針を石橋は、四谷第六小学校で具体化したのである。

四つ目に、子どもの参加の仕方についてである。運動会という行事指導での討議の過程において、「議長は学校側の意向を聞いておく」とか「全校自治会の委員会には教師代表と担当教師が出席する」とか、つまり、子どものいう通りに決める児童中心主義でも、子どもの意見をまったく取り入れない官僚的な画一教育でもなく、子どもと教師が対等に意見を言えるところから生み出される教育を目指していたことがわかる。

五つ目は、子どもたちがつくる自治のイメージについてである。野球問題では討議した結果、女子たちも自分たちの遊びを始め、「遊び秩序」が生まれ、休み時間に生き生きと遊ぶ子どもたちの姿がイメージできる。運動会では「自分たちで決めた運動会だから自分たちの手で」との自覚が生まれ、当日はほとんど子どもたちが運営したし、観る態度もとてもすばらしかったという。子どもたちがつくる自治のイメージは、教師にとってもとても居心地のいいものになっている。つまり、自治の結果、子どもたちと教師相互の信頼が高まるということなのである。

一方、課題は城丸章夫氏が指摘していることである。石橋が安易に「組合運動の方法」を学校にもちこもうとしたり、子どもの自治活動を「民主主義革命への参加の手段」としたりした点である。[32]全国少年協議会結成大会での子どもたちの討論が発展をして、その後の衆議院や文部大臣への請願に繋がっていったのだが、この時の討論について石橋は、「深刻な社会の、政治の実相が、小さい頭にどんなにハッキリと反映されていることであろう。そしてこれに身体ぜんたいでぶつかってゆく児童の烈しい意欲、民主革命の波は児童たちの心にもまた力強くさかまいているのがわかるではないか。」[33]と述べている。しかし、「小さい頭」

でどんなに考えても「身体ぜんたいでぶつかってゆく児童の烈しい意欲」をもっていても、今すぐ解決できない問題や、すぐに答えの出ない問題もある。そんなときに子どもたちは、それを日本社会の構造的な問題だとの把握をもって、息の長い取り組みに展望を開いていくことができるだろうか。もし、これらの取り組みで自分たちの要求が実現しないことで挫折感を味わっているとしたら、民主主義社会への意欲と展望を失わせることになるのではないか。城丸氏がもう一つ指摘していることも重要である。「子どもたちの多方面な要求が自治会活動のみに集約されて」いいのかという問題である。(34) もっと他にも、要求実現の道はあるということも、展望を見失わないために重要な視点となる。

次章では、これまでの石橋勝治の自治論を、戦前・戦後を通じてまとめ、子どもの権利条約が提起する課題とつき合わせながら、子どもを権利主体に育てる自治の指導の内実を明らかにしたい。

〔第四章・注〕

（1）土屋基規『近代日本教育労働運動史研究』労働旬報社、一九九五年、五五八ページによる。

（2）右に同じ。

（3）『新教育指針』は、当時の文部省によって作られた二分冊の冊子である。その発行の目的については「はしがき」に「本書は新しい日本の教育が、何を目あてとし、どのような点に重きをおき、それをどういう方法で実行すべきかについて、教育者の手びきとするためにつくったものである。」と書かれている。

（4）石橋勝治『子ども自治会の指導』社会書房、一九四八年、二一ページからの引用と記されている。

(5) 新村洋史「戦後初期　学校の民主化と子どもの自治活動」、季刊『教育運動研究　創刊号』あゆみ出版、一九七六年、八八ページによる。
(6) 同書　八九ページによる。
(7) 右に同じ。
(8) 石橋勝治『著作集　第六巻』一三ページを参照。
(9) 同書　一三ページによる。
(10) この要約引用の部分は、石橋勝治『石橋勝治著作集　第五巻』あゆみ出版、一九八四年、四〇～四三ページによる。
(11) 現在の「ドッジボール」のこと。
(12) 石橋勝治『著作集　第五巻』五二ページによる。
(13) 同書　一七ページによる。
(14) 同書　五五ページによる。
(15) 同書　五八ページによる。
(16) 右に同じ。
(17) 同書　六〇ページによる。
(18) 同書　六一ページによる。
(19) 同書　六一～六二ページを参照。
(20) 同書　六二ページによる。
(21) 同書　一一七ページによる。
(22) 同書　六七ページによる。
(23) 右に同じ。
(24) 石橋勝治『石橋勝治著作集　第四巻』あゆみ出版、一九八四年、二二七ページによる。

(25) 同書　二四一～二四二ページによる。
(26) 本書　一一～一三ページ、序章の「二、金沢嘉市が見た全校児童会」でも詳しく触れている。
(27) サイト名は「ニュース映像」、タイトルは「日本ニュース　戦後編　第59号」、公開日は一九四七年二月二五日、ニュース映像のタイトルは「新大臣へ―学童のおねがい」となっている。サイトのＵＲＬは以下のとおり。
https://www2.nhk.or.jp/archives/shogenarchives/jpnews/movie.cgi?das_id=D0001310059_00000&seg_number=003
(28) 石橋勝治『著作集　第五巻』二五四ページによる。
(29) 同書　二五二～二五三ページによる。
(30) 石橋勝治『石橋勝治著作集　第七巻』あゆみ出版、一九八四年、二六一ページを参照。
(31) 石橋勝治『著作集　第五巻』一四四～一四五ページによる。
(32) 城丸章夫『城丸章夫著作集　第一巻』青木書店、一九九二年、一五八～一六三ページを参照。
(33) 石橋勝治『著作集　第五巻』二五九～二六〇による。
(34) 城丸章夫　前掲書　一五八～一六三ページを参照。

第五章　子どもを権利主体に育てる指導の内実

1　石橋実践の本質

一、石橋が『戦前戦後を貫く　民主教育実践の足跡』に込めたもの　―教師再生の秘密―

石橋実践を次の四期に分けて分析・検討してきた。

第一期　岩手時代　一九三一（昭和六）年九月～一九三九（昭和一四）年三月
　大船渡小学校（四年）・花城小学校（一年半）・遠野小学校（二年）

第二期　東京時代　一九三九（昭和一四）年四月～一九四五（昭和二〇）年三月
　正徳小学校（一年半）・深川小学校（一年半）・若杉国民学校（三年）

第三期　学童集団疎開時代　一九四五（昭和二〇）年三月～同年一一月
　若杉国民学校（九か月）

第四期　四谷第六小学校時代　一九四六（昭和二一）年四月～一九五〇（昭和二五）年二月（三年一一か月）

石橋は自分の実践集の名を「戦前戦後を貫く　民主教育実践の足跡」とつけている。そこにはとても熱い思いが込められている。「私は戦前と戦後で教育に対する考え方を変えなかったのだ」という思いが強く伝わってくる。それは、多くの教師が焼け跡に立って自分の戦前の教育を反省しなければならなかった時代に、「私は胸を張って教育していたのだ」という思いなのである。石橋実践についての先行研究が戦後の実践に焦点を当てていることが多い中で、本書では、戦前・戦後を通じて石橋実践を検討してきた。その中でいくつか明らかになったことがある。

一つ目は、遠野小学校での実践が飛躍的に前進した秘密についてである。先にも見たが大船渡小学校の生産と労働の教育は、教師や学校の願いや要求を土台にした花壇づくりや学校の補修が多いが、遠野小学校では、自分たちで働いて八〇円貯めて仙台への旅行に行ったり、図書館づくりに取り組んだり、街頭紙芝居を駆逐したりと、子どもたちの願いや要求に根ざしているものが多い。この変化・発展のもとが、実は花城小学校にあったのである。

花城小学校は管理統制のとれた学校で、そのうえ都市部の学校だから、自分の得意な生産教育もうまくいかないので、教室での実践に中心をおいて「花城の子ども」などの文集を核とする生活綴方の教育をしていた、と紹介されることが多い。しかし、ここで石橋は、活動資金調達のためのドジョウ取りの際に、「子供等の自信ありげな言葉に動かされて」[1]という思いを実践記録に残している。取り組みは失敗に終わるが、子どもの言葉に乗って動いた自分、子どもと同じ方向を向いてドジョウ取りをした自分の中に、心地よさを感じていたのである。この体験が遠野小学校での実践の飛躍を生む。何気ない出来事の連続の中で、実践が発展していく瞬間があるのである。

二つ目は、低学年を担任することが多いということである。石橋の教師生活二〇年で低学年を五回持っている。石橋は、高学年を持てば全校自治会の指導をはじめとして、スケールの大きな実践ができると思っていたはずである。しかし、一年生は三回、二年生は二回と担任をし、戦前には「尋一児童の原始姓瞥見」や「尋一児童地理指導の実践と理論」を『教育論叢』誌に掲載しているし、戦後も『一年生の教室記録』と題する単行本を社会書房から出している。なぜ石橋はこのように、低学年にこだわったのだろうか。その理由が明らかになった。それは、第一に、子どもたちの原始性をこよなく愛したからである。花壇づくりの作業中に水の溢れるのを発見した子どもたちは、水路を作って遊び出す。水がたくさん流れて溢れ出すと、夢中になって砂を運んで溢れないように堤防を築いている。その姿を「子どもは手と足と頭を使って生活を構成している」(2)と、石橋はとらえるのである。また、一年生四クラスに対して講堂で歌の指導をしているときに、一人、二人と、壇の上に上がって歌や遊戯をし始めたかと思ったら、次々と壇の上に子どもたちが上がり、遂に全員一六〇人が壇の上へ上がり、力いっぱい歌ったのである。これを見ていた石橋は、子どもたちの力に心動かされるのである。(3)第二に、低学年は大切な学年だからである。劣等児というのがいるが、その子は本当に劣等児だったのか、それとも劣等児に作り上げられたのか、が問題だと石橋は指摘する。つまり、低学年のうちに読めたり、書けたり、計算ができたり、文字を綴ったりする力をつけてもらえない子どものいることは、学校が劣等児を作っているのと同じだというのである。石橋実践の特徴の一つに、徹底して基礎学力をつける取り組みがあるのは、そのためなのである。(4)

三つ目は、石橋が終戦とともに民主主義の教育を始めることができたわけを、明らかにすることができたことである。石橋の第二期は戦争が激しさを増し、大政翼賛会ができ、戦争へ国民を総動員する社会だった。その社会にあって教育の果たす役割は大きく、石橋でさえも「皇国」という言葉を使い、「教師は主体で絶対的なもの」だが「子どもは客体」だと、『教育論叢』誌に載せた論文で主張している。[5] 論文は書いても、その中に子どもたちの具体的な姿は登場しなかった。このまま終戦を迎えていたら、東京の焼け跡で石橋は、自分の教育実践に後悔していたに違いない。しかし、そうならなかったのは、一九四五（昭和二〇）年三月からの学童集団疎開の実践があったからである。

　学童集団疎開の目標は、ただ一つ、子どもたちを無事に家庭に戻すことである。長野の疎開先では、石橋得意の生産教育を子どもたちと共に進めた。広い桑畑を開墾して芋を育て、山羊や鶏、うさぎを飼いタンパク質を補給する。取り組みをするたびに自治組織を立ち上げ、子どもたちの力で運営する。他のところでは死者が出たり栄養失調に陥ったりしたのに、前より元気な子どもたちを家庭に戻すことができたのである。この第三期の軍国主義の中でも、唯一の解放区である学童集団疎開の生産教育の実践が、石橋の自信を回復させたのである。そのようにとらえると、終戦とともに民主主義を目指す社会の中で、子どもたちが参加する学校自治を作っていった石橋のことが、より一層理解できるのである。

　このように石橋の教育実践を見るとき、その実践を社会背景と共に、ライフヒストリーとしてとらえることが重要である。その大きな流れの中で、個々の実践の変化や共通点や発展をつかまないと、それらの意味するところもつかめないのである。

　次に石橋のライフヒストリーの中で貫かれているもの、発展したものを明らかにしたい。

二、石橋実践を貫くものと戦後発展したもの

石橋実践を貫くもの

まず、戦前・戦後を通じて実践に貫かれているものを明らかにしたい。特に今まで見てきた自治活動と、授業における自治について見ることにする。

一つ目は、基礎学力の充実である。自分から進んで一年生の担任を希望する理由でもある。「劣等児」は学校によって作られており、とりわけ一年生の入門期に作られていると、石橋は見ているからである。石橋は何年生を持っても、低学力だと思えば、数年前の課題に戻ってでも力をつけようとするし、これはこの学級には簡単だと思えば、どんどん先の課題へと進んでいく。一年生の五月には文集が出来上がるほどに指導する。石橋にとって学力は、子どもたち一人ひとりを、学習者として教師と対等の立場に立たせるためにさせた、調査活動などの独習を成立させるという意味からも、自治会での討論が意味あるものになるためにも、必要になるからである。

二つ目に、子どもの現実認識を出発点にすることである。子どもの現実認識とは、どんな日常生活を送り、そこからどんなものが見えているか、ということである。目の前に、おかゆや雑炊の弁当を持ってくる生活があれば、それを授業として取り上げる。その授業は、今ある生活は社会のどんなところに原因があるのかを解き明かすので、子どもたちは興味深く学ぶことができるのである。石橋は、「子どもたちの生活の基盤

となっているものは社会の現実である。その根を学習から切りはなしたのでは学習が枯れてしまう。」(6)といっている。このことは自治活動のときもいえる。「新しい図書」がほしい生活があるから生産活動がはじまり、「山羊」を必要とする生活があるから飼育自治グループが生まれる。「上靴」がない生活があるからこそ、話し合いが生まれ独自ルールが作られる。「野球」でもめる生活があるから「遊びの秩序」が生まれるのである。

三つ目に、集団で取り組むということである。学習場面では三段階学習(7)の中に「分団学習」が位置づいている。子どもたちは独習の後、分団で学習したことを交流して学級の全体学習に備える。小集団の中で自分の持っている意見について調べても分からなかったことを出したり、自分の出した意見を友達にほめてもらったり、友達の意見から新たに学習する契機をもらったりする。そこでの学習が、学級全体の学習の質を決めてしまうこともあるのである。

それは問題児の指導で見た、個人指導と集団指導の統一となって現れている。戦前においては「中山一郎」の指導で、戦後においては「不良児童団」の指導で個別指導に終わることなく、「中山一郎」の場合は「街頭紙芝居」の取り組みによって集団の中での存在感を高め、集団の力を借りて自信回復に成功している。「不良児童団」の取り組みでは、集団の力関係を逆転させ、ボスに謝罪させた後に「この子がしたい仕事を見つける」ことと、「その仕事に見合う組織に位置づける」という二つのことを提起する。自分がしたい仕事を友達とともにしながら集団を形成する中で、根本的な解決に導こうとしているのである。

四つ目に、参加するということである。授業においては「分かりません」「質問」「意見」など、石橋に言わせれば「何でも思ったことを言う」ことから始め、調査活動をする、学習計画の立案に参加するということなど、参加は石橋実践の特徴である。このことは、「八〇円貯めて仙台に行こう」でも、運動会を自分たちの意見で作っていくことでも、参加することで自分たちの主体性を形成している。また、特に生産活動に参加して自分たちが生み出したものや、生産活動で得た対価で手に入れた物への愛着は高まり、何も言わなくても丁寧に扱うような生活を作り出すのである。

五つ目に、子どもたちの主体性が形成されると、活動している子どもたちと教師の関係が改善されるのである。授業においては「自立した学習者」として、且つ教師と対等な学習者として参加する。教師の説明的な働きかけは少なくとも要らなくなって、ポイントとなるところでの発言をすればよいのである。行事の取り組みでは「運動会」で見たように、事前の準備も当日の運営も子どもたちの力で主体的にやってくれる。野球問題の「遊びの秩序」にしても、教師がそのことで小言を言うことは極端に減り、教師の仕事の質は変わるのである。この関係は、自治活動が継続発展していくときの、ひとつのポイントになっているのである。

六つ目に、教師の指導の位置づけについてである。戦前・戦後一貫して、石橋は子ども中心主義でもない、官僚的な画一主義でもない立場を取り続ける。学習においては、子どもが参加して学習計画を立てたとしても、教科の系統性などが確保できなければ、教師として学習計画に異論を唱えているのである。自治活動についても、運動会に見られるように、学校や教師集団の意向が反映する仕組みを作っているのである。石橋は天皇制教育とはもちろん、子ども中心主義の教育とも闘っている。天皇制教育は権力で子どもを押さえつけることによって、子どもたちの自主的な営みや意欲が発揮されることを妨げる。このことに対して石橋は、

「時局用語で理論は語るが実践は語らない」という姿勢を示した。つまり、理論でカモフラージュして、実践を教室の中で最小限展開したり、学力向上など許される範囲のところで実力を発揮したりしていたのである。[8] また、児童中心主義の教育は何でも子どもの自由にさせるという自ら作り出した仕組みによって、子どもの自主的な営みや意欲が発揮されることを失わせると考えていた。それは、石橋実践の中核に「生活地位に立たせる」という考えがあるからである。子どもたちを「生活地位に立たせる」のは、主に教師の指導によってである。そのことは、「子どもたちを自由にさせる」というところからは、到底生まれるものではないからである。

戦後発展した石橋実践

次に戦前・戦後で実践が発展しているものを明らかにしたい。ここでも、自治活動と授業における自治にしぼって見ることにする。

一つ目に、全校自治活動の発展である。戦前においては遠野小学校の実践、戦後においては四谷第六小学校の実践を見ることになる。第一に活動領域の拡大である。遠野小学校では学校内にとどまっていた自治活動が、四谷第六小学校では校外に飛び出している。それは水害の慰問・救援であったり、少年協議会の全国組織への立ち上げであったり、制度要求を掲げて国会にまで行ったりしていることである。特に水害の時に都内の他校の自治会に活動の共同を呼び掛けたり、全国組織を作ったりしたことは、自分たちの自治会と他校の自治会を比較して、新たな発展の機会を得られることになるということである。第二に権利としての明確な位置づけがあるということである。「学校の管理運営に参加できるという位置づけ」、「協議会で教師と対等平等に扱われる」という点などは、象徴的に発展したところだろう。

二つ目に、都市部での実践の発展である。石橋は農村など、すぐ近くに自然や生産現場がある時には、得意の生産活動を組織して実践を成功させ、自治活動を発展させている。しかし、花城小学校のように都市に近くて、生産現場や自然が近くにないところでは、自治活動の領域が大きく設定されていない。ところが、大都市東京の四谷第六小学校の実践では、活動領域の大きい自治活動が行われている。それは、石橋が生産活動を通じて要求を実現させるという自治のスタイルから、現実生活からくる要求そのものについて話し合い、知恵を出し合って解決するという自治のスタイルに発展させたからである。もちろんここで取り組んだ制度要求は、少しぐらいの生産活動では解決しようのないことばかりであったことも、その理由の一つであったのかもしれない。

三つ目は、社会制作へと向かう生活と学習という点である。石橋は社会科と自治会の位置づけについて次のように述べている。

> 社会科との連関――この全校及び学級協議会が社会科とどんな連関があるだろうか。これは極めて重要なことである。私の学校では単元を主体とした社会科は子どもの生き方、社会を進める社会認識の教科であると考えている。この社会を理解し人間生活を理解する力は一方に於ては、正しい社会をつくる実践力、技術を持たなければならないと思っている。したがってその生活実践の組織的展開は子どもた

ちの全校、学級協議会の組織によって進展させるようにしてある。だからこの両面が一体となって全体的な社会科となり得るのだと考えているのである。[9]

つまり、社会科で得た現実認識をもとにその原因を探り当て、解決に向かって取り組むのが自治会ということである。戦前は地理、国史、修身などを生産教育で総合教育にする取り組みであったのが、目の前に社会の問題として教えたいことがたくさんあるのに地理、国史、修身は停止された。そこで社会科を立ち上げ、民主社会の担い手を育てるということに自治活動を取り込んで、実現しようとしたのである。しかし、この実践は次項でも述べるように問題点を内包していた。

三、石橋実践の抱える課題　―民主主義革命に参加する自治―

民主社会の担い手を育てることの実現のために、自治活動を取り込もうとした石橋の実践に内包する問題点とは、どのようなものなのだろうか。

城丸氏は教組運動について自著の中で、「子どもの自治活動と教組運動とが手をたずさえて進むこと、（中略）子どもの自治活動を、たたかわれつつある「民主主義革命」に参加させ、その隊列の一翼をになわせようという考え方が生まれた。」[10]と述べ、石橋の四谷第六小学校の全校自治会の実践についても、同様の視点でとらえている。そこで、指摘のあった石橋実践について、もう少し立ち入って見ていくことにする。

石橋は全教の掲げた方針「学校委員会の設立」を受けて、四谷第六小学校の全校自治会を立ち上げた。当時発行された組合新聞に、「学校委員会における討議対象」が掲載されている。それによれば、①要求貫徹、②全額国庫負担による六・三義務制の確立、③学校給食完全無料実施、④民主主義教育の内容・方法の確立、⑤児童の自治組織の確立と教育管理への参加、⑥教科書・学用品の公定配給、⑦父兄会の民主化、⑧教育施設の近代化、⑨文化施設の普及および拡充、⑩その他社会・政治・経済・文化・生活・教育上の諸問題、の一〇点である。それに対して、四谷第六小学校の少年協議会が要求とした項目はどんなものなのだろう。

要求項目を全国少年協議会結成大会のスローガンや、国会請願事項を参考に再現してみると、①六三制完全実施、②安くて丈夫な雨具がほしい、③喜んで勉強できる学用品を、④必ずなくせよ二部教授、⑤安くて丈夫な運動靴を、⑥給食を無料で、という具合になる。比較すると、一致しているのは全教方針の②③⑥に見られるだけである。石橋たちは、組合の方針であっても、子どもたちの目の前にある生活から要求となっていないことを、取り上げてはいない。石橋が組合方針の実現のために、子どもたちを引き回したということではないのである。この時点では、石橋は今まで実践してきたように、子どもの認識を出発点に要求を組み立てているのである。

それでは、何が問題だったのだろうか。石橋の実践に触れた二氏の意見を手掛かりに考えてみよう。

竹内常一氏は、『著作集　第五巻』の「解説」で「自治会活動と社会科指導との不離一体の関係は、長所であると同時に短所であった」[11]と語り、さらに「両者の区別を不明確にし、自治会指導における認識の指導、ないしは意識・イデオロギーの指導と、社会科における社会認識の指導を混同することになった（中略）その結果、自治会指導のなかに政治主義的偏向が生じることもあった」[12]と指摘している。これに対して前出の城丸氏は、「社会的保護下にある子どもに対して「理論と実践との統一」という、それ自身では正しいが、あまりにも一般的な命題を機械的に適用している」[13]と指摘している。この「理論と実践の統一」というのは、社会科で学んだいわば理論を、自治会活動の中で実践するという意味である。さらに、「革命参加は、基本的には、学習の内容を通しての「心」の革命にこそねらいがあるべきである。」[14]と述べている。教師は授業で学習したことの行動化までは、子どもたちに求めないということなのである。その一方で城丸氏は、四谷第六小学校の全校自治会実践をとらえて、「組合と学校の教育とを、このように同一視することは、もちろん誤りである。しかし、誤りであろうとなかろうと、解放された教師と子どもが、手探りに探しあてたこのものの意義は大きい。教師大衆は、これによって、多くの激励と示唆とをうけたのである。」[15]とも語り、石橋を擁護している。しかし、誤りを擁護するところからは石橋実践の本質も、石橋実践の課題克服からの発展も見込めないのである。石橋実践の中にある課題克服の芽について提起する。

　四谷第六小学校の全校自治会には、子どもたちが学校の管理運営に参加できる仕組みがあるのだが、この中で、子どもたちの要求は議論されているのだろうか。もし議論されているとしたら、父母や教職員が社会に要求すべき課題として、子どもの活動とはせずに引き取られていたのかもしれない。ここに、城丸氏が指摘する「社会的保護下にある子ども」ということが問題になる。学校の管理運営に子どもが参加できるということは、子どもが教育的に発言する場が広いということであり、子どもも大人も参加する身近な社会が形成されているということでもあり、子どもにとっては、直接の社会とは少し距離があるということでもある。その距離とは、子どもたちが要求していることを身近な社会で検討できるということであり、その身近な社会が実社会との間にあるということである。子ども・保護者・教師の三者によって練られた要求は、より確かなものになって実社会へと提起される。提起されたものは、地域社会や教育行政や行政一般などが受け止めるという仕組みを作る。そうすると子どもを革命に直接参加させなくても、民主主義の手続きの中で、子どもたちが意見表明できる道筋ができるのである。

全国少年協議会の実践の中で、異色の行動が見られる。それは第四章3・三（一四五ページ）で見た「先生方にお願い」と題する民教協に向けた少年協議会のメッセージである。そこには、①暖房、②ガラス修理、③雨具などの条件整備等の要求を載せた後、理科など四教科の教科書の改善要求、教科書配給改善、全国の学校への学級図書館の設置、勉強に困ったときに相談できる勉強相談所の設置、「子どもたちの希望や教育」をテーマにした教師と子どもたちによる座談会の設置、などが並ぶ。この行動の内容は「お願い」「メッセージ」などからすると、先生方との対等平等に近い話し合いだったと類推できる。教師は対等平等の話し合いの席で、「勉強の分からないときに相談する「勉強相談室」を作ってほしい」、「座談会「僕たちの希望や教育について」を開いてほしい」などと、子どもたちから要求が出されたら喜んで実現に奔走するだろう。対等平等の話し合いこそ重要である。自分たちの学校で、自分たちが参加できる権利を行使して、対等平等の話し合いをしていくならば、学校の姿は子どもたちの力で変わっていくのである。つまり、四谷第六小学校において子どもたちが学校運営に参加できる権利を持っていることこそ、発展の芽なのである。それは、その場での意見表明を機に、自分たちの要求を三者協議会や、先に見た「先生にお願い」のような場を設けることが、可能だからである。そこでの話し合いは、学校独自の工夫した改善を生んだり、国民的な要求にせり上がったりする可能性すら、持っているからである。

国会への給食の請願行動を行う中でも、子どもたちが「芸能会をやりたい」というスローガンを掲げていたことに対し石橋は、「自主的生活方向をさぐろうとする気運が、楽しみを求めることへ子供らしくタッチしている。」[16]と述べている。そして、数日後には芸能会の実施に向けて、子どもたちがビラやポスターを作って宣伝をしたり、シナリオを書いたり、委員会を開いたりと、具体的な活動を開始することを創造している。つまり、この国会への請願行動などは、子どもに取り組ませるには何かしらの無理があって、思わず出てきた「芸能会」に子どもらしさを感じたのである。この民主主義革命に参加する自治は、小さい大人をどこかで求めていたのである。

2　子どもの権利条約が求める指導

一、学校の現状と子どもの権利条約

石橋勝治の実践には、「八〇円貯めて仙台に行こう」と働く子ども、街頭紙芝居に対抗して町で紙芝居する子ども、生きるために桑の根っこ掘りに汗を流す子ども、信濃町駅の九人は首切りされるのだと発言する子ども、梅雨の時までに丈夫な雨具を下さいと訴える子どもなど、生き生きした子どもの姿がある。こんな石橋実践から現代の学校の実態や課題をとらえ、子どもを権利主体に育てる自治の指導について考察したい。

今の学校の実態は、国際学力テスト競争から来る学力テスト体制に絡め取られ、これでもかというほど「学習」だけを追求する場に変わってきている。その特徴は、第一に外国語活動の教科化に見られるように、内容を削らずに追加するだけで年間総時数を増やし、毎日授業が六時間目まであるという、学校生活を生み出していることである。第二に学習内容を早期に教えたいとする傾向から、学習が細分化されるという問題である。分数を今まで教えていた学年より一つ下の学年で教える。そのために分数の指導を細分化する。そうすると、分数の意味は仮分数や帯分数などを教えると分かってくるのに、最初に出てくる学年の学習は、真分数までの範囲でと区切られるので、分数の意味が分からないままになるということである。第三に時間は増えたのに総合学習や特別活動など、子どもたちが楽しみにしている活動の時間が減らされている。第四に学力テストのためだけに取り組む時間の増加である。学校の目的「子どもたちに楽しく分かる授業・確かな学力を保障する」を、本末転倒させたような時間が増えたのである。これは、各学校の教育課程編成権への侵害を意味している。第五に道徳の教科化である。設定された徳目に従って自分の思いをコントロールする訓練が、教科としての評価という脅しを後ろ盾に進められているのである。

次にあげる証言は、小・中学校に広がっている学校体制のもう一つ深刻な事態を象徴している。これは、更新講習で現場教員から、筆者に対して出されたものである。

今小学生になっている子どもたち二人の産休・育休を経て学校現場へ戻ってみると、現場がまさに「スタンダード化」を推進し、どんどん教師の独創性にフタをするような学校へと変化していた。「スタンダードさえやっておけば安心」と工夫せず「子どもありき」の授業から遠くかけ離れた若い二〇代の授業も多くあります。図工の飾る絵も同じ、参観の授業の進め方もすべて同じ、宿題もすべて同じ…と学年でそろえることで保護者からのクレームが減るとのこと。クラス間格差をなくすとのことらしいが、子どもたちがおいてきぼりになっているような気がずっとしている。

全生研六〇回基調提案は、「新学習指導要領体制のいま、ＰＤＣＡサイクル（中略）モデルが、全国の現場をのし歩いている。それは「学校スタンダード」（中略）と一体となって進められ、（中略）日常の「指導」が「スタンダード」の名のもとにマニュアル化され、そこから逸脱する子どもや、その一律のスタイルとは違う指導を試みる教師は「例外扱い」とされる。（中略）一番問題なのは、マニュアルには子ども分析がまったくないことである。なぜ子どもはそうするのか、何が子どもたちの要求なのか。その分析もなければ子どもと教師の相互応答関係への視点もない。」[17]と指摘する。

つまり、授業に真剣に取り組まない子どもがいたとしても、マニュアルに沿って授業を進めるだけで、その子が何故授業に真剣に取り組まないのかは問題にならない。その子なりの理由があったとしても、マニュアル通り取り組まない子どもが悪者にされてしまうのである。校区に農業の盛んな地域があったとしても、教科書通りにやることがマニュアルであるとすると、社会でその農業の盛んな地域の学習が組まれることはない。もし、その地域を教材化する教師がいたとしたら、みんなと違うことやっている変わった教師、という扱いを受けるということである。どんな子どもたちが目の前にいても、どんな地域が校区にあっても、同じことをマニュアルに沿って実行することなのである。言い換えれば、スタンダードに子どもたちや教師を合わせるということである。

このスタンダードは、子どもたちのもう一つの状況を生みだす。そのスタンダードの流れを、もう少し具体的に見る。係活動は一人一役制がとられる場合が多く、仕事は細分化され、できなければ個人の責任が追及されるという仕組みになっている。給食当番を例にとっていえば、主食の盛り付けはAさん、副食の盛り付けはBさんというように、教師によって毎日決められている。そこには誰が何をするかという役割分担を、子どもたちの中で話し合って決めることもない。一番しんどい仕事を誰がするのかということで起こるトラブルもない。つまり、如何にトラブルを少なくするかが、教師によって追求されているのである。子どもたちは生活の中で起こるトラブルを、一つひとつ解決していく過程で成長していくにもかかわらず、子どもたちの生活は、自分たちの生活なのに教師任せになってしまう。つまり、自分たちの生活づくりに参加できないということなのである。

総務省の「常時啓発事業のあり方等研究会」の最終報告が「我が国では、児童・生徒が学校内の身近な問題について自分達で考え、主体的に発言し、決定に参画していくという学校民主主義の実践がほとんどなされていない」[18]と問題を指摘しているのはこのようなことなのである。

そんな学校状況の中で一八歳選挙権が実現した。しかし、一八歳など若者の投票率は決して高くなく、当事者である高校生たちは、その事実を受け止め切れていない。そこで、内閣府が行った二〇一八年の「我が国と諸外国の若者の意識に関する調査」[19]の結果を調べてみた。この調査は、日本・韓国・アメリカ・イギリス・ドイツ・フランス・スウェーデンの、一三歳から二九歳の男女を対象としている。

「あなたは、自国の社会に満足していますか、それとも不満ですか」という問いに、「自国の社会に不満」

と答えた上位三か国は、韓国—四九・七％、フランス—四九・〇％、日本—四四・一％だった。この三か国について、「社会をよりよくするため、私は社会における問題の解決に関与したい」という問いの回答を見ると、フランスは五六・九％、韓国は六八・四％が関与したいとしているのに対して、日本は四二・二％に留まっている。さらに、「将来の国や地域の担い手として積極的に政策決定に参加したい」という問いには、韓国が六六・〇％、フランスが五六・四％参加したいとしているのに対して、日本は三三・二％に留まっている。

　この調査結果は何を意味しているのだろう。日本の若者は日本の社会に不満は持っているものの、その不満を解消するために関与したり、不満解消のための政策の決定に参加したりしようとする意識が低いということを如実に示している。つまり、日本の若者は自らの社会に関与しようとする意識が低く、ここに主権者教育の課題があることが明らかである。先に見た学校状況が示すように、日本の若者は身近な社会、すなわち学校の問題解決に関与した経験や、学校の方針決定に参加したという経験を、あまり持ち合わせていないということなのである。

　これまで見てきたように、学校は学習指導要領などの上からの支配とお任せ民主主義などで、子どもたちが自分たちの作っている社会に関与することや参加することを拒んでいる。それは一九九四（平成六）年に批准された子どもの権利条約が、二五年以上たった今もなお校門の中へは入っていないことを意味する。この閉塞的な学校状況を克服するためにも、次の社会の担い手を主権者教育で育てるためにも、子どもの権利条約の精神と、子どもの権利条約が求める権利主体を育てる指導を、明らかにする必要がある。そのとき、今まで見てきた、石橋が一貫して大切にしてきたことが、大きな示唆を与えてくれるのである。

二、子どもの権利条約に込められているもの

子どもの権利条約は、子どもと大人はちがう、子どもには大人にない特有のものがある、という考え方がその根底にある。その考え方は、フランスの社会思想家で近代教育思想の始祖といわれるJ・J・ルソーによって示された。ルソーは著作『エミール』の中で、子どもを小さな大人と見るのは間違いで、子どもは大人と一緒ではなく、子どもには子ども固有のものがあるという考え方を示した。このルソーの考え方は、一九〇〇（明治三三）年にエレン・ケイが著した『児童の世紀』に結実する。エレン・ケイは、大人が子ども固有の成長・発達を理解することと、その理解に支えられて、大人が子どもの固有な思考や行動を未熟でも見守るということを通して、二〇世紀が「児童の世紀」になるという考えを示している。それは、発達上の子ども期の存在を認めるものであり、子どもの権利条約の中核になる考えなのである。

これらの考えは日本でも大正自由教育の中で花開く。この児童中心主義の考え方を批判し、発展させたのが石橋勝治である。

第一次世界大戦の反省から国際連盟は、「人類は、子どもに対して最善のものを与える義務を負う」と訴えた「国際連盟子どもの権利宣言」（ジュネーブ宣言）を採択した。しかし、この願いもむなしく、第二次世界大戦が起こり、たくさんの人権が踏みにじられた。国連は一九四八（昭和二三）年に世界人権宣言、一九五九（昭和三四）年には子どもの権利宣言を採択した。この子どもの権利宣言には、ジュネーブ宣言にはなかった以下のような子どもの権利が加わった。

●健康に発達する権利（原則四）
●心身に障害を持つ子供の権利（原則五）
●愛情と理解のある家庭的な環境を持つ権利（原則六）
●教育を受ける権利（原則七）
●あそびとレクリエーションの権利（原則七）

その後三〇年たって、一九八九(平成元)年に子どもの権利条約が採択された。その意義は大きく二つある。

第一は、今までになかった「参加の権利」が盛り込まれたことで、「子ども自身が権利を行使し自分自身で権利を実現していく」という考え方が盛り込まれた点だ。この中心になるのが、一二条の意見表明権だと言える。今までに位置づけられてきた、①生存の権利、②発達の権利、③保護の権利、の三つに、④参加の権利、を含めて大きく四つの考え方で構成されている。

第二に、ただ単なる宣言ではなく、条約となった点で、各国は批准することが求められ、批准すれば国内法を整備するなど、条約の精神に沿って国内で条件を整えることが必要になるのである。日本でも批准され、一九九四（平成六）年五月二二日に発効している。

第一に述べた参加の権利について、日本の教育はどのように考えてきたのだろう。

戦後初期、文部省の著作物の『中学校・高等学校の生徒指導』[20]の中に、生徒参加論が提出される。そこには、「①各新制中学校・新制高等学校の管理には実際生徒を参加させるべきである。②生徒参加の組織は生徒が自治すべき「権利を持つ」という概念を持つべきではない」と述べられている。つまり①において「参加すべき」としながら、②においてその参加は生徒自治ではないとしているのである。文部省は、その参加における自治を、限定的なものとして示したのである。

これに対し、高校紛争のあった一九七〇年前後に竹内氏は、先の文部省の「あたかも生徒がすべて校務を支配する権利を持つかのような誤解を与えるもの」との見解に対して反論を試みているのである。それは「生徒集団の自治権は原理的に承認されるべきだ」という考えだ。「原理的承認は、それの無条件的承認と同じことではない」[21]と述べた上で、さらに次のように述べている。

> (前略)自治権を承認するのは、まず第一に、(中略)生徒の教育を受ける権利、すなわち、民主的人間に発達する権利を充足するためであり、(中略)自治権の行使は、生徒を民主的人間に発達させるようなばあいにこそ承認されるのであって、そうならぬばあいには承認されない。(中略)
>
> 第二に、生徒集団の自治権の行使は、生徒集団の民主的力量と、生徒集団をめぐる民主的勢力の力量とにかかわって組織されるべきであるということである。(中略)。
>
> 第三に、こうしたなかで生徒会民主主義の伝統をかちとっていくなかで、教師集団は生徒集団を学校の民主的運営の一構成組織として位置づけていくことができるのである。[22]

つまり、文部省のように自治を限定するのではなく、自治を民主的な人格の完成のためのひとつの方法として位置づけ、その広がりは生徒集団の民主的力量が決める。その取り組み過程を通して教師集団との間に信頼関係が生まれ、学校運営の一翼を担うようになるということである。

この原理的承認についてももう少し具体的に論ずることにする。今ある活動の中で子どもたちが力を発揮するとそこに子ども信頼が生まれ、運動会の種目づくりや委員会活動の改廃、日課表の改訂に至るまで子どもに任せたほうがうまくいく。子どもたちが決定に参加するほうが、自分達からその成功を呼びかけてくれる。これらの経験を教師集団が積み重ねると子ども信頼はさらに高まる。参加の範囲をここからここまでと決めるよりも、子ども集団の力量を上げ、その力に依拠することで、生活を子どもたちと共に作るということが、原理的承認という考えからは生まれるのである。ここで言う子ども集団の力とは、とりもなおさず教師集団の力量の賜物なのである。そして、この考えは、子どもの意見表明権を中核とする子どもの権利条約の立場そのものなのである。

次に子どもの権利条約が求める指導について見ることにする。

三、子どもの権利条約が求める指導のあり方

現在の学校の状況と子どもの権利条約に込められているものをとらえた上で、子どもの権利条約が求める指導とは何かを明らかにしたい。

喜多明人氏は、「かつて子どもは自らでは権利を行使できない存在であると理解され、彼らの権利はもっぱら親・法定保護者をはじめとしたおとな側が、〝子どもに代わって〟行使（代理行使）していくものと考えられてきた。」[23] と述べている。そして、子どもの権利条約がそのような認識に依拠しながら「子どもへの特別な法的「保護」（Protection）と子どもの最善の利益に従った権利の「供与」（Provision）をおとな

社会に要請した。」[24]と語っている。このような考えを示したのが子どもの権利条約第五条だが、そこでは、親だけでなく、子どもに対して責任を有する教師などの大人に対しても、子どもの権利代理行使だけでなく「子ども自身の権利行使に対する責任と権利」が明記されたのである。

その指導について、藤田昌士氏は「子どもの人格支配としての「指導」の克服と子どもの権利保障としての指導の創造という課題」[25]が、私たちに課せられているという。この権利保障としての指導について、以下五点に渡って考察したい。

第一に意見表明権についてである。子どもの権利条約の中心に位置づく権利である。子どもは自身の生活に関係することなら、すべてのことに対して意見を言うことができる。例えば、授業において「分からない」ということ。休み時間の遊びが特定の人ばかりが活躍して「面白くない」ということ。給食当番の仕事で自分は一番大変な仕事ばかりさせられて「困っている」ということ。これらを意見として出すと、「分からない」から丁寧な説明がされたり、「面白くない」遊びが改善されたり、「困っている」から役割分担が変更される可能性が出てくる。このように意見を出すということは、自分たちの生活を変えたり、新しく作ったりすることの出発点になるのである。だから、子どもたちができるだけ意見表明できるように導いたり、出された意見に対して子どもたちが納得するような対応をしたりすることも重要である。

第二に参加するということである。子どもたちが参加できるフィールドがどれだけ広いかということである。学級会はもちろん、児童会の行事、クラブや委員会のこと、学校行事に至るまで、それは広ければ広いほどいい。多様であればあるほどいい。その広い多様なフィールドの中でどのようにするとみんなが楽しめるのか、どんな風にすれば仕事がスムーズにできるのか、子どもたち自身が考えていることを実現させるにはどうしたらいいか、などと思案してみることのできる時空を保障することである。

第三に、その参加の質についてである。参加はそれぞれの場面での決定のプロセスに参加したか、決定そのものに参加したかでその参加の質が違う。子どもたちは決定のプロセスに参加するか、決定そのものに参加したことに対しては、主体的に参加し、その決められたことを責任もって実行しようとする。物事の決定に際し意見を求められるということは、頼りにされているということでもある。子どもたちに意見を求め、尊重し、少なからず決定の部分を構成するようにすると、子どもたちの参加度は高まり、社会への信頼と社会制作への展望を生み出すのである。

第四に、子どもの権利条約第五条の提起する課題である。五条は、子どもたちが条約に定められた権利を行使する時、大人が子どもたちの発達しつつある能力に合った方法で、指示や指導をする責任や権利、義務があるとするものである。この点については、自治権の在り方をめぐる原理的承認のところでも述べたが、子ども集団の力量は教師集団の力量が決めると言っても過言ではない。教師集団の力量が高ければ高いほど、その指導を受ける子ども集団の力量も高くなることを示していると同時に、子ども集団の力量が高くなれば、それに触発されて教師集団の力量も高まることを示している。そのような相互関係をどのように作っていくかという、課題が課せられている。石橋の花城小学校での教師の成長は、まさしくこれに当たるのである。

最後に、課題として、藤田氏が言うように「初等段階からの系統的な指導をとおして子どもの自治の意欲と能力（子ども参加の基礎）を育てる」[26] ことを挙げる。本章2・一（一六六ページ～）で述べた主権者教育の課題は、中学校や高校にもある。しかし、その多くは小学校段階から身近な社会を相手に丁寧に積み上げられた、主権者になるための教育が、重要なのではないかと考える。そのことは、子どもの権利条約の精神を、この国に根付かせていく一つの方法である。何でも言ってみることから出発した石橋の指導は、子どもの権利条約が求めている指導と重なる点が多い。しかも、石橋実践は初等教育段階を指導の対象としているので、藤田氏の提出した課題にもこたえることができる。次節で、戦前・戦後を通じて一貫した自治を初等教育段階で実践した、石橋勝治の実践をもとに、「子どもの権利保障としての指導の内実」を明らかにしたい。

3　子どもを権利主体に育てる自治の指導の内実

一、子ども観を豊かに持つことと意見表明権

まず、子どもを権利主体に育てる自治の指導の内実を明らかにするとき、石橋が実践の中で語る子ども観について見たい。それは指導の内実を論ずるときに、どのような子ども観を持っているかが、土台となってくるからである。石橋は子どもをとらえる時、子どもの「原始性」という言葉をよく使う。中内氏によると、「かれの「児童性」は人間性の「原始的な生活」であって、そのころはよくいわれていた「童心」ではない。石橋のような「児童性」のとらえ方は、そのころでは、児童の村小学校にいた野村芳兵衛や小砂丘忠義らがいって

いたことである。」[27]とのことである。石橋の子ども観を明らかにするために、小砂丘忠義の子ども観を見る。

小砂丘忠義は「逞しき原始子供」[28]という小見出しをつけて、綴方二編を紹介しながら、どういう原始性を残したいのかについて記している。残したい原始性の一つは、お湯（共同浴場―筆者注）に入った小学二年生が、存分に暴れまわって他村の人に注意される。そこで「ここは自分の村の湯だぞ、他村の者は来るな」と言い放つという子ども像である。もう一つ紹介しているのは「ミミズだぞ！」と言って家のばあちゃんをたまげさせる一年生だ。

石橋もこの小砂丘忠義のように、子どもの原始性を「児童本然の姿」[29]という。さらに「児童本質の姿を失わざる様生活させたい」[30]と言い、「興味は児童の心がいつわりなく自由の立場に於いて向けられたときはじめて生ずる。」[31]としている。つまり、石橋の子ども観は、子どものありのままの姿を肯定的に受け止める、ということなのである。

石橋が大船渡小学校の一年生を担任した時の子どもの記録が残っている。[32]その記録によると、村上正雄は今まで「勉強したい」といったことのない子で、いつもポケットに手を入れて腹ばかり出している子どもだった。入学以来二か月たったころ、みんな外へあそびにいっているのに「オラ勉強する」といって教室の机に座り込んだ。その村上を石橋は「私に世話をしてほしいのだ」ととらえ、援助し、やったことを褒めてやる。褒めることは「子どもの心に持っている無意識の望みを伸ばしてやる」ことだという。石橋はこの村上を二か月間「失策しても未だ叱ったことがない」という。石橋は村上をありのままにとらえ、失敗しても叱らず、村上自身の中から「勉強したい」という気持ちになるまで待つということをしているのである。遠野小学校での問題児の中山一郎の時も紙芝居の取り組みを進めつつ、中山自身が「勉強したい」というところまで待ったのである。花城小学校の「盗まれたくつ」では、加害者に何らかの盗む理由があったと被害者に応答している。この石橋の指導は、「どの子もかしこくなりたい」「どの子も友だちの靴など盗みたくない」という願いを持っている、という子ども観から来ているのである。子どもを信頼して様々な活動を行う中で、子ども自身にやる気がみなぎってきたときに、石橋は心の中で「しめた」と喜びをかみしめて、その要求に応えているのである。

　やる気や要求をもとに、基礎から着実に積み上げる指導が教師に求められる。学習で言えば、「読むこと」ができれば「何でも口に出していわせるようにして」、授業への参加の道を開いていく。また、「書くこと」から「計算すること」を、子どもたちの実態や要求に応じて展開する。その学習を基礎にして、独習や調査活動や分団の学習の中で、友だちの意見を聞いて補強して、学級の学習の場での発言につなげていく。生活でも、自分の生活に関わることは「何でも口に出していわせる」ことを出発点にして、話し合いを通じて自分たちの社会を作っていくのである。その意味でいうと、「なんでも口に出していわせる」という石橋の指導は、学習の面でも生活の面でも、子どもの原始性を出させることであり、子どもを権利主体に育てる第一歩となっている。これこそ子どもの権利条約でいう、意見表明権なのである。

二、子どもを生活地位に立たせることと活動

一九九七（平成九）年一〇月、『国連子どもの権利委員会への市民・ＮＧＯ報告書〝豊かな国〟日本社会における子ども期の喪失』が出版された。その中で「子ども期の喪失」を生み出す、日本社会の社会文化構造が提起されている。日本の戦後の社会文化構造は「すりよりの構造」だと指摘したうえで、その構造が「子ども期の喪失」をもたらしていると、六点の指摘をしている。

第1に、国民は、（中略）成功目標を内面化している。（中略）

第2に、学校は、（中略）子どもを一番から最後位に至るまでを序列化し、大企業および官庁への人材を選別すること、（中略）効率よく提供するための装置となっている。（中略）

第3に、教育内容との関連では、（中略）国家経済発展のための全国画一的な国家教育を実践している。（中略）

第4に、（中略）教師を自由な教育者としてではなく、行政官として管理選別している。（中略）

第5に、子どもの成長発達に不可欠な子どもの欲求や自主性を尊重するのではなく、校則や体罰を用いて、（中略）権威に従順に従えるような人間として育成すべく、子どもを管理訓練している。（中略）

第6に、その結果、学校教育は、（中略）多くの子どもを、いじめ、不登校、中退あるいは不良行為へと駆り立て、わが国の社会文化構造からの落伍者として社会の周縁部へと追いやることになる。自らの個性を出し、自らの頭で考え、自己主張する者は、協調性のない和を乱す者として社会の周縁に向け

て処理される。（後略）[33]

としている。つまり、この日本の社会構造は能力主義の中で価値が一元化され、子どもの成長・発達上必要とされることまで尊重せずに、ひたすら従順な人づくりを目指す。その結果、そこからはみだすものは学校から排除する。そんな将来のために今を犠牲にするという社会の中で、子ども期が保障されるわけがないといっているのである。

報告書がいうように、子ども期を豊かなものにすることは、子どもを権利主体に育てるために必要不可欠なことだ。なぜなら、子どもたちには、先に述べた石橋や小砂丘がいうような、自分が思ったことをそのまま社会に出してみることが必要で、その原始子どもを出発点に、自分たちの社会を自分たちで立ち上げていく過程で、子ども期を作っていくのである。

だから、子ども期を作っていく時、どんな活動をするのかも問題になる。石橋は実践の中心的な活動として生産を置いている。その生産活動は子どもたちが自分たちの社会を作っていくときにとても分かりやすい。自分が働いたことが物を生み出す。その物は自分たちの役に立つものになるか、売って対価を得ることができるものになる。その対価で自分たちの生活は豊かになる。このようにその生産と労働によって、自分たちの社会を作っていけるのである。その生産するための労働の問題について、やや立ち入って検討する。

労働について考えるとき、一九五八（昭和三三）年の学習指導要領改訂は重要な意味をもっている。一九五八（昭和三三）年の学習指導要領は、それまでの経験主義を基調とするものから系統主義を基調とするものに変わった。そのため体験的な学習としての労働や遊びは、教科の学習の中では扱いにくくなった。

学習を机上のものとし、生産活動で生み出したものを売ってお金を手にすることもなく、作ったものは相手を持たないものになり、その価値を測ることもできなくなってしまった。つまり、作ったものを売って儲けないということである。自分たちが作ったものが値打ちのあるものであれば、売れるし儲けも生まれる。自分たちの作ったものが役に立たなければ儲けどころか損をする。豊かな子ども期を育てるために必要な活動なのである。なぜなら「ものを売る」とか「儲ける」とかという明確な目標のために労働の質を上げたり、たくさん作る工夫を集団でしたりすることのできる活動になるからである。

この労働の問題をもう少し考えてみよう。城丸氏は日本に大変根深い考えの一つに「保護される者には権利がない」という思想があると指摘している。[34] このことを労働に当てはめると、労働法による児童労働の禁止がすぐに思い浮かぶ。この法律は過酷な労働から「子どもを保護する」上で重要な意味をもっている。しかし、労働に子どもたちを参加させることも同時に否定してしまう。このように考えるのは「過酷な労働から保護される者には働く権利がない」と言っているのと同じである。そこで、子どもは発達途上にあるという点で、労働に参加することによって発達を保障されるという意味合いを持つことを考えてみる。そのように考えると、「子どもの権利保護」が二つの意味で必要になる。一つは子どもが過酷な労働から保護されること。二つ目は子どもが労働に参加して、その中でこそ培われる発達の権利を保障されること。この二つが同時に保障されるためには、子どもが集団として労働に参加し、その労働に対しての異議申し立てを中心とする意見を、表明できるような自治が必要になってくる。

今、中学校で実施されている「労働体験」は、先ほど取りあげた「技術」と同じように「利潤の直接支配」

を排除し、「使用価値を生み出す義務」もないのである。先に述べたような、子ども集団での自治を保障したうえで、教育的に労働参加する道が開ければ、「労働体験」は子ども一人ひとりの労働の質を問い、その労働に見合った対価が支払われることになる。また、労働をめぐっての意見交換が労働の現場で起こってくることになる。その活動は「学力」一辺倒の学校に違う価値を打ち立てるかもしれない。このように、労働参加は子どもを権利主体に育てる活動の、大きな柱になることは間違いない。

　次に活動と「生活地位」について考察する。「生活地位」は石橋が用いる独特の言葉である。石橋実践の根幹にある考えといっても過言ではない。石橋は、子どもたちをどういう「生活地位」に立たせるかが重要だと述べている。[35] 石橋の「生活地位」というのは、子どもだけで立てるものではない。そういう意味では児童中心主義の考えに基づくものではない。大人（教師）が子どもたちのくらしの中に生活の必要をみつけ出し、このようにすれば子どもたちは生活地位を得るであろうという予測のもとに、働きかけることによって生活地位に立つものである。その生活地位を得た子どもたちは活動することによって、大人（教師）の指導をさらに引き出すのである。

　遠野小学校での図書館建設の実践を例にとると、小刀事件を克服するために図書館を建設する。読書運動が始まり、「みんな読んでしまった」ということになる。そこで、みんなで働いて、その対価でさらに二〇冊の本を買うという実践である。読書運動という活動は、「みんな読んでしまった」という「生活地位」に子どもたちを立たせる。その生活地位が、「新しい本が読みたい」という要求になり、「本を買うための労働」という活動を生みだす。学習面でも四谷第六小学校で行った「信濃町駅」の授業での調査に基づく討論は、調査活動の中で確信を得たという「生活地位」に立っているからこそ、できることなのである。つまり、活動を通して生活と学習の必要を作り出すということである。子どもたちが、生活の必要から自発的に活動を作るということなのである。子どもたちの自発的活動は、自治そのものなのである。身近な社会が自分たちの力でこんな風に作り変えることができるという体験は、「自分たちの力で社会は変えられる」という見通しを子どもたちのものにする。これこそ権利主体を育てる道なのである。

三、子どもを権利主体に育てる自治の指導の内実

最後に、「序章」で掲げた課題について、今までの研究成果をふまえ考察したい。その課題とは、子ども参加の基礎である、子どもの自治の意欲と能力を形成する系統的な指導を、初等教育段階からどのように構想するかという課題である。この時、その指導とは、子どもの権利条約第五条のいう、大人（教師・保護者）が子どもを、権利を行使できない存在から権利を行使しうる存在へ、どのように指導すればよいかということであり、子どもの人格支配としての「指導」を克服し、子どもの権利保障としての指導をどのように創造すればよいかという課題である。

まず、前項で取り上げた、『国連子どもの権利委員会への市民・NGO報告書』は、日本の社会は子どもたちに「子ども期」を保障していないと、述べたことから検討する。子ども期の保障を学校で実現するには、それぞれの子どもの発達課題に応える教育が必要となる。なぜなら子ども期というのは、子どもの時代特有

の発達課題があるのだという考えに基づくものだからである。その時、子どもたちが自分たちの生活から表出するトラブルを、自分たちで解決することが、発達課題に応える教育となることが多い。それは、トラブルそのものが、発達課題に端を発しているからなのである。トラブルを解決していく道は、「なぜそんなトラブルが起こったのか」と原因を探り、お互いの言い分を聴き合って、「どのようにすれば克服できるのか」と改善方法を考える。このこと自体がもう既に自治を生み出している。教師は子どもと共にそのトラブルの原因をじっくり聞き、双方の願いをもとに「社会制作へと向かう話し合いの場」を設定すればよいのである。石橋が「紙芝居がしたい」という中山一郎の言葉を学級自治会に届けたのは、中山一郎の意欲を支える集団を組織し、取り組みを成功に導くことで中山を進歩させ、同時に学級（社会）を前進させたいと思ったからだろう。それらの取り組みは、子ども期を必然的に保障しているのである。

　活動と組織の在り方は、石橋がたくさん事例を提供してくれた。活動が集団の自治を作っていく上でとても大切なことは、前項で述べたところだが、組織を作っていくことも大変重要である。その時、集団で仕事を分担することが原則である。例えば、係は集団として一つの仕事を学級から任されるのである。そうすると子どもたちは、その集団内部で起こる様々なことを解決する。その一つひとつのことが、自治を作るもとになっていくのである。その組織を石橋は生活の必要から作る。学級にその組織が提案されたとき、その係はもう学級の子どもたちの要求になっているということである。学童集団疎開の実践でみたように、「うさぎを飼う」という生活の要求が、うさぎ飼育当番を立ち上げるのである。このように展開すると子どもたちがその仕事を引き受けるとき、「こんな大切な仕事は私たちにさせて」と意欲を滾らせることになるのである。

学級での活動が活発になると、活動領域が外部へ広がっていく。子どもたちはこんなこともできたのだから、あんなこともできるだろうと考えるようになる。それは学年であったり、全校であったり、地域であったりと広がる。石橋の全校委員会における「野球」「めんこ」「運動会」などの取り組みは、学校という規模で野球チームを作ったり、「運動会は私たちの運動会だから私たちの力でやる」と宣言させたりして、頭を突き合わせて相談する必要がありそうな活動のある、少年期の世界を保障しているのである。さらに、石橋は少年協議会の全国組織まで作って活動領域を広げている。これは自治の質が飛躍的に向上する道である。自分たちの自治組織や、話し合っていること、取り組んでいることの交流が進み、自分たちの組織を外から見ることのできる機会になるからである。そのことは活動が学年全校に広がった時も同じように、学級を外から見ることができ学級の活動が飛躍的に前進するときでもあるのである。

　石橋の実践を見ても分かるが、活動領域の拡大は、子どもたちがさまざまな人と出会うことでもある。学校の管理運営に発言権のある子どもたちは、校長や担任以外の先生たちとも保護者とも出会う。全国協議会があれば様々な地域の小学生と出会う。こんな子どもたちの意見表明の場を保障していること自体が、石橋実践の値打ちの一つであるが、その場を、子どもたちを権利主体に育てるために、どのような場にしていけばよいのかという課題は残されている。この大人と出会える場を、対等な関係の場にすることも一つの方法で、子どもたちからの要求も出すが、子どもたちが、自分たちの生活への批判も聞く場にすることが大切ではないかと考える。そうすると、大人からの批判を子どもたちは自治会に持ちかえって反論を試みたり、自分たちの生活向上につなげたりと、子どもたち自らの自治を発展させる機会を得るのである。

このように見てくると、子どもを権利主体に育てる自治の指導は、主権者教育と密接に関係している。自治指導は、自分たちの課題に合わせて、自分たちの社会を作り変えていく取り組みだからである。今、主権者教育をどのように展開するかという課題が、一八歳選挙権の実施とともに注目されている。高校現場でよく見る模擬投票などの実践では、この課題の解決には至らないだろう。また、この課題は高校だけに任せておく課題でもない。

石橋の実践で言えば、初等教育段階での主権者教育の課題は、全校自治会の要求活動などにあるのではなく、生活の必要を作り出すような活動を組み、子ども自らの力で「原始子供」を表出して、自分たちの生活を日常から作り出していく地道な取り組みにあるのである。

やや詳しく述べる。生活の必要を作り出すような活動を組むとは、自分たちの生活の実態から課題を見つけ、その克服に取り組む中で、次はこれがしたいという生活地位に立たせることをいう。そうすると自分たちの必要感から自主的な活動が始まっていく。「原始子供」を表出するとは、子ども本来の要求に根ざした声を上げるということである。それは意見表明であり、活動の出発点を作ることもあるし、活動をする中でその発展を作るものにもなる。自分たちの生活を日常から作り出していく地道な取り組みとは、あくまで自分の身近な社会に働きかけ、自分たちの生活が自分たちの活動に支えられて作り出され、作り変えられるということが繰り返し行われることを指す。

改めて初等教育段階からの主権者教育は、生活の必要を作り出すような活動を組み、子ども自らの力で「原始子供」を表出して、自分たちの生活を日常から作り出していく地道な取り組みにこそあるのである。これならば政治的中立など問題になりようがないのである。

生産と労働で自治を立ち上げていた当時の自治の空間で、石橋は中山一郎を「一人前の子ども」に育てるという課題を自らに課す。それは、「原始子供」のままにじっくり成長してほしいという願いからなのである。子どもを小さな大人にしてしまうのではなく、子どもを人間として認め、子ども時代の一人前を育てるということが、子どもを権利主体に育てることなのである。民主的集団を形成し、管理し、運営する力を子どもたちに与えることは、日本の民主主義が、将来にわたって発展していくかどうかにかかわる問題なのである。

〔第五章・注〕

(1) 石橋勝治「実践途上にある私の尋五学級の自治組織（二）」、雑誌『教育論叢 一九三七年四月号』文教書院、一九三七年、四八ページによる。また、本書第一章2・三（四〇ページ）を参照。
(2) 本書 第一章2・二（三六ページ）を参照。
(3) 石橋勝治『著作集 第七巻』二一～二二ページを参照。
(4) 石橋勝治『著作集 第四巻』一〇九ページを参照。
(5) 本書 第二章1・二（七三ページ）を参照。
(6) 石橋勝治『著作集 第五巻』二七五ページ所収の竹内常一氏の「解説」による。
(7) 本書 第三章1（九六ページ）を参照。
(8) 本書 第二章1・二（七一ページ）を参照。
(9) 石橋勝治『著作集 第五巻』一四三～一四四ページによる。

(10) 城丸章夫『城丸章夫著作集　第一巻』青木書店、一九九二年、一五九ページによる。

(11) 石橋勝治『著作集　第五巻』二七六ページ所収の竹内常一氏の「解説」による。

(12) 右に同じ。

(13) 城丸章夫　前掲書　一六一ページによる。

(14) 同書　一六二ページによる。

(15) 同書　二二一ページによる。

(16) 石橋勝治『著作集　第五巻』一四六ページによる。

(17) 全国生活指導研究協議会「第六〇回　全国大会基調提案　子どもが権利主体となる自治の世界をつくりだそう」、『生活指導No.739』高文研、二〇一八年、四四ページによる。

(18) 総務省の常時啓発事業のあり方等研究会による平成23年12月「『常時啓発事業のあり方等研究会』最終報告書　社会に参加し、自ら考え、自ら判断する主権者を目指して」四ページを参照。

(19) 内閣府ホームページ（https://www8.cao.go.jp/youth/kenkyu/ishiki/h30/pdf-index.html）掲載「我が国と諸外国の若者の意識に関する調査（平成30年度）」を参照。

(20) 文部省初等中等教育局編『中学校・高等学校の生徒指導』日本教育振興会、一九四九年。

(21) 竹内常一『民主的人格の形成と高校教育　下巻　非行問題と生活指導』明治図書出版、一九八〇年、一四三ページによる。

(22) 同書　一四三〜一四四ページによる。

(23) 喜多明人「子どもの権利条約と子ども参加の理論」、『立正大学文学部論叢九八号』立正大学文学部、一九九三年七五ページによる。

(24) 右に同じ。

(25) 藤田昌士「子どもの権利条約と生活指導研究の課題」、『生活指導研究　8』明治図書出版、一九九一年、四九ページによる。

(26) 藤田昌士「子どもの学校参加と生活指導」、『生活指導研究　No.11』大空社、一九九四年、五七ページによる。

(27) 石橋勝治『著作集　第三巻』二五九ページ所収の中内敏夫氏の「解説」による。

(28)「逞しき原始子供」は、一九三八年発行の、小砂丘忠義著『私の綴方生活』に掲載されていた。

(29) 石橋勝治「尋一児童の原始姓瞥見」、雑誌『教育論叢　一九三四年一一月号』文教書院、一九三四年、三三一ページによる。

(30) 同書　三一ページによる。

(31) 右に同じ。

(32) 本書　第一章2・二（三六〜三七ページ）を参照。

(33) 子どもの権利条約 市民・NGO報告書をつくる会編『国連子どもの権利委員会への市民・NGO報告書　〝豊かな国〟日本社会における子ども期の喪失』花伝社、一九九七年、二八〜三〇ページによる。

(34) 城丸章夫『城丸章夫著作集 第四巻』青木書店、一九九二年、一二三〜一二四ページを参照。

(35) 本書　第一章2・五（五六〜五七ページ）を参照。

石橋勝治　略歴

『石橋勝治著作集　第七巻』に掲載された「著者略歴」の表を引用し、その表中に、筆者が本書の執筆に際し収集した情報をもとに、石橋勝治に関わる事項について、書体を変えて書き込みを行った。ゴシック体で記されたものが、それに該当する。また、在任期間を示す帯状の表示も筆者による。本書の紙数の関係で表の枠組みは組み変えてあるが、内容は原典のままである。

年度	教育界のなどの動き	石橋勝治略歴（年齢数え年）	執筆稿と転任と実践にまつわることども（丸付き数字は収録している巻）
1911（明治44）		2月・岩手県大船渡に生まれる。	
1924（大正13）	4月・東京池袋「児童の村小学校」開校される。	3月・岩手県大船渡蛸浦尋常高等小学校を卒業する。農漁村で報徳教育を受ける。（14歳）	
1929（昭和4）	6月・秋田で「北方教育社」結成。生活綴方運動がおこる。		
1930（昭和5）	8月・「新興教育研究所」設立される。 11月・日本教育労働者組合結成される。 11月・「郷土教育連盟」結成される。	3月・岩手県師範学校本科二部卒業。 4月・同校専攻科に進む。 ◇このとき、千喜良英之助教授の極めて進歩的な学校教育の社会化等について薫陶をうく。（20歳）	
1931（昭和6）	1月・「師範学校規則」改正で、本科第二部を一年から二年制に改め、師範学校に「公民科」を設置する。 4月・千葉春雄、「教育・国語教育」誌を創刊する。 9月・満州事変がおこる。	3月・岩手県師範学校専攻科を卒業する。 8月・短期現役兵除隊。 9月・岩手県大船渡尋常高等小学校に赴任する。尋常科二年担任。（21歳）	

年度	教育界のなどの動き	石橋勝治略歴（年齢数え年）	執筆稿と転任と実践にまつわることども（丸付き数字は収録している巻）
1932 （昭和7）	◇「新興教育の展望」の発刊、ひろまる。 4月・郷土教育連盟、「郷土学習指導方案」刊行。 7月・農漁村の欠食児童二十万名突破と文部省発表。 9月・長野県上田市を中心とした教員の弾圧事件おこる。 10月・「教育論叢」誌上で集団主義教育論争おこる。	4月・同校高等科一年担任。 **鈴木道太「学級集団・技術」―集団主義の理論と実際―教育論叢（懸賞論文三位）掲載。** **9月・「学校の集団的経営」瀬川教育論叢** （22歳）	◆この頃の大船渡町は、盛町と共に郡の中心であったが、まわりの漁村や農村や町の商店も不況に見舞われていた。石橋は社会改革を志して活動していた。そのため郷土調査をし郷土教育を実践した。 ◆郷土副読本も作って学習させた。調査資料でグラフや表をたくさん作った。大展覧会を開いて講堂全体に展示した。町民から大好評を博した。 ◇文集「驀進」を第一号から第五号まで発行する。①
1933 （昭和8）	3月・三陸沖地震津波。 4月・国定教科書大改訂。「国語読本」（サクラ読本）色刷となる。 **4月・「教育」創刊。** 5月・京大滝川事件。 **9月・「集団主義について」瀬川（教育論叢）**	4月・同校高等科二年担任。 ◇サークル「教育気仙」を組織し、ガリ版パンフレットで機関紙「教育気仙」を発行する。メンバーは加藤将、柏崎栄、佐熊博、石橋勝治などであったが、このメンバーとの活動期間は短かった。 （23歳）	◆郷土調査は、クラスを町単位のグループに分けて実施し、子どもたちは作業をグループの単位でやり、研究の発表もグループ単位でやる学習方法をおぼえて実践した。 ◆新聞の学習も生活学習としてグループごとにやらせた。 ◆石橋が子どもたちに原紙を切らせて印刷し製本させることを教えて文集づくりをさせた。 ◇文集「いのち」を第一号から第七号まで発行する。①
1934 （昭和9）	**1月・「集団（主義）的教育方法」瀬川（教育論叢）** **3月・宮城国語日曜会（鈴木道太）―気仙国語教育研究会（交流あり）（八月以降）** 11月・生活綴方の「北日本国語教育連盟」結成される。 12月・岩手県大凶作。	4月・同校尋常科一年担任。 ◇気仙郡内主催の研究授業（合科・総合指導）を行う。 （24歳）	◆尋一の文集を第一号から第八号まで発行したが、大船渡市が数回津波にあっているため残っているものがない。 11月・『尋一児童の原始性瞥見』（雑誌「教育論叢」第32巻5号）③ 12月・『尋一児童の地理指導の実践と理論―道路中心学習―』（雑誌「教育論叢」第32巻6号）③

大船渡尋常高等小学校時代

年度	1935 （昭和 10）	1936 （昭和 11）	1937 （昭和 12）
教育界のなどの動き	1月・「児童の村小学校」の野村芳兵衛ら雑誌「生活学校」を創刊。	7月・文部省、義務教育二年延長の学制改革を決定する。 7月・「児童の村小学校」閉校。	
石橋勝治略歴（年齢数え年）	◇北方教育・綴り方「東北大会」が岩手県一ノ関市で開かれ、東北六県から集まったが、石橋も出席して研究発表を行う。 4月・同校尋常科一年担任。 ◇東京「児童の村小学校の生活教育」と「瀧野川小学校の合科教育」を視察する。 9月・岩手県花巻市花城尋常高等小学校に転任する。尋常科四年担任。 （25歳）	4月・同校尋常科五年担任。 （26歳）	
	大船渡尋常高等小学校時代 ／ 花城尋常高等小学校時代	花城尋常高等小学校時代	花城尋常高等小学校時代
執筆稿と転任と実践にまつわることども（丸付き数字は収録している巻）	**1月・学級意識と社会意識（実践記録）（教育論叢）** **主なる教育雑誌、特に『論叢』について（教育論叢）** **2月・学級意識と生産教育（実践記録）（教育論叢）** **4月・集団的学級経営〜その社会的方面から〜（実践記録）（教育論叢）** 8月・『子供の構成する社会と意識』（雑誌「生活学校」第1巻8号）② ◇文集「花城」を第一号から第三号まで発行する。① 11月・『学級に於ける転任四日間の試み』（雑誌『教育論叢』第34巻5号）**（生活学校同時掲載）**② 12月・『集団統制の実践に立つ尋四の学級経営』（雑誌『教育論叢』第34巻6号）③	3月・『子供の心と先生の仕事』（雑誌「生活学校」第2巻3号）② ◇文集「花城の子供」を第一号から第七号まで発行する。① 5月・『生活内容を重視する私の学級経営』（雑誌「教育論叢」第35巻5号）② **11月・「実践途上にある尋五学級の自治組織」(1)（教育論叢）**	2月・『「人生科としての綴方経営の展開」を読みて』（機関誌「岩手教育」Vol.15 №.2）③ ◆花巻から遠野へ転任するとき、本屋に借金が十八円残り支払えないので、石橋は、大船渡から兄を呼んで支払いを済ませ、ようやく転任することができた。 ◆四月に盛岡市桜城尋常高等小学校へ転任するわけであった。ところが、遠野尋常高等小学校の三田校長に

年度

1937
（昭和12）

教育界のなどの動き

5月・城戸幡太郎ら「教育科学研究会」を結成する。

7月・日中戦争起こる。

8月・閣議で「国民精神総動員実施要綱」を決定する。

8月・生活教育論争始まる。

12月・「教育審議会官制」公布、「文教審議会」廃止。

石橋勝治略歴（年齢数え年）

4月・岩手県遠野尋常高等小学校に転任。高等科一年担任　（27歳）

花城尋常高等小学校時代

遠野尋常高等小学校時代

執筆稿と転任と実践にまつわることども（丸付き数字は収録している巻）

やみで遠野に転任させられた。そこで石橋は赴任のために遠野町までできたが、学校へは着任しないで、宿屋で一週間を過ごした。だが仕方ないので、時間切れの一週間めの夕刻にとうとう学校へ行き着任した。

◇文集「生活の旗」を第一号から第十号まで発行する。①

4月・『壁新聞異変』（雑誌「生活学校」第3巻4号）②

4月・「実践途上にある尋五学級の自治組織」(2)（教育論叢）

◆遠野の子どもたちの教育に取り組むために着任の翌日、学校へ行った。朝、石橋のところに数人の男教師が集まってきて言うことは、

「高等一年の男の組は、遠野中学に行った残りくずとかすの子どもたちの組だ。それに、どろぼうをして警察に厄介になった子どもや人をけがさせて平気でいる子どもたちだ。いくらやってもダメだから受け持たないほうがいいよ。」

と、こもごもに言った。石橋はどうしてこんな親切ごかしのことを言うのかと思った。そして、

「この先生たちはひどい。先生のくせになんということを言うのか。」

と思って内心激怒した。

石橋は、「よしやってやろう。」と心に決め、すぐ校長に担任することを話し、高等科一年の教室をめがけて走りだした。これが遠野教育のはじまりであった。

10月・『学級費をとる生産教育の方法と教材』**（未発表）**③

10月・『児童生活指導系統』**（未発表）**③

12月・『高学年学級の組織と経営の展開』（機関誌「岩手教育」Vol.15 No.4～Vol.17 No.9）②

遠野尋常高等小学校時代

年度	教育界のなどの動き	石橋勝治略歴（年齢数え年）	執筆稿と転任と実践にまつわることども（丸付き数字は収録している巻）
1938 （昭和 13）	1月・学籍簿改定、優良可に統一する。 4月・「国家総動員法」公布。 ◇この年、「教育審議会」で合科教育の是非をめぐって論議がつづいた。	4月・同校高等科二年担任。 6月・上閉伊郡内主催の研究授業を行う。 8月・上閉伊郡教育講習会の講師となる。 10月・岩手県全体に「遠野教育の実際」を学校公開した。 （28歳）	**1月・学習・訓練を一如としての発展（実践記録）（教育論叢）** 2月・『教育教科経営―高一実践』**（未発表）**③ ◇文集「生活の旗」を第一号から第十五号まで発行する。③ 7月・『村の読方教育指導過程』**（未発表）**③ 7月・『世代の教育を建設する学級経営の実践構図』**（未発表）**。② 8月・『学級学習経営形態』**（未発表）**③ ◆昭和十二年に「くず」と「かす」と「どろぼう」の組であった学級と子どもたちが、それから一年半後には、学校公開の中心の役割を果たした学級となった。この組の学級経営と学習方法、教科研究が公開へまでたどりついた。それは校内の先生がたが一致協力してまとまって研究したからである。その時のメンバーは、佐々木方、佐々木勇、石川清光、栃内真太郎、山本精一、石橋寿男、佐々木健一、葛巻サタ、菊池ハツ、松田ヨシ、小笠原ミエ、今野セツ、今野アヤ、佐々木トシ、工藤トラ先生などの教師たちであった。 **10月・学級経営の理論と実践の展開（教育論叢）** **10月・学習・生活訓練が自主（自律）自治協働の労働原理・方法過程で貫かれた時代認識における教育建設の為の実践（教育論叢）** 11月・『学級自治と生産的施設の実践』（雑誌「綴方学校」第2巻11号）②
1939 （昭和 14）		2月・岩手県遠野尋常高等小学校の総合視察。 3月・東京に上京する。	2月・『我等学校生活史』**（未発表）**② ◆県視学課は遠野教育はアカの教育である、いや自由主義の教育であると二分されていた。総合視察はそ

年度	1939（昭和14）	1940（昭和15）
教育界のなどの動き		10月・「大政翼賛会」結成される。 **11月・治安維持法違反事件。宮城・鈴木道太、20日未明検挙。**
石橋勝治略歴（年齢数え年）	4月・東京浅草区正徳小学校に赴任する。尋常科四年担任。 **4月・教育科学研究会「学級経営部会」城戸、宗像、留岡、重松、波多野、周郷、宮原、山田、滑川、寒川とも交流。** 8月・「教育科学研究会」の全国大会が開かれ、東京代表として「学級経営」について研究発表を行う。 （29歳）	4月・同校尋常科五年担任。**代用教員から正教員になる。** 9月・東京深川区深川小学校に転任。尋常科二年担任。 （30歳）
	遠野尋常高等小学校時代／正徳小学校時代	深川小学校時代
執筆稿と転任と実践にまつわることども（丸付き数字は収録している巻）	れとも関係があったようである。 ◆石橋は上京就職の方針を決め（**教育論叢の主幹・瀬川頼太郎と相談したうえで上京を決める**）、校長に提出していた。総合視察の結果、「退職金」を支給されない、「辞令」ももらわないまま、「許可を得て」上京した。 **4月・〈研究〉学級の学習組織形態（教育論叢）** **7月・総合教育と学級経営（教育論叢）** **10月・総合教育と学級経営(2)（教育論叢）** **10月・社会生活の中に位置する子供（教育論叢）**	**2月・学級後援会（母親組合）の建設過程（教育科学研究第二巻第二号）** **6月・国民学校案と学級経営（教育論叢）** ◆深川小学校には、もと瀧野川小学校で「合科教育」をもって有名な山崎菊次郎校長がいた。石橋は、この校長なら頼れると思って行ったが、すでに軍国調の行進曲の行進が校庭で実施されていた。石橋はびっくりし、これはダメだなと直観した。 **9月・低学年総合教育の実際（教育科学研究第二巻第九号）** **11月・深川小に通っていたころ、岩手の大船渡で同好誌「教育気仙」の仲間であった佐熊博、柏崎栄の諸氏が警察にとらえられる。（『戦前戦後を貫く　民主教育実践の足跡』より）。**

年度	教育界のなどの動き	石橋勝治略歴（年齢数え年）		執筆稿と転任と実践にまつわることども（丸付き数字は収録している巻）
1941（昭和16）	1月・「大日本青少年団」結成される。 3月・「小学校令」を改正し、「国民学校令」公布。 4月・「教育科学研究会」解散。 **9月・「教育論叢」誌終（廃）刊。** 12月・太平洋戦争宣戦布告。	4月・同校初等科三年担任。（31歳）	深川小学校時代	◆石橋は深川小学校に赴任してみたらそこには瀧野川小学校から転任した「合科教育」の有力教師たちもいたが、実際は形だけであった。石橋は山崎校長に経営改革案を提出しておいたが、実施する意志がないという返事をもらったので、杉並区の若杉国民学校に転任することを決意した。 **9月・学級経営論（教育論叢）**
1942（昭和17）		4月・東京杉並区若杉国民学校に転任。初等科五年担任。（32歳）	若杉国民学校時代	◆若杉国民学校は新設開校の学校であった。石橋は初代大貫校長の招きに応じて転任した。これに先立ち大貫校長と二人で一か月かけて、学校経営案と教授と訓練の案を検討し、四月着任と同時に若杉教育のために奮闘した。 ◆石橋は、若杉国民学校では、五年を担任したが、五年、六年の二年間、生活指導、自治の学級経営を行った。学習は、「目的、計画、実現、反省」の過程で、学習方法は、「独自学習、グループの分団学習、学級全員の協働学習」で行った。学習は、普通学級の一斉授業で一通りやるのと違って、独自、分団、学級全体と三倍もできる仕組みであり、学習方法は、「グループ学習は集団主義の基本」であるという考えで行った。
1943（昭和18）	4月・教科書国定化になる。 12月・学徒出陣はじまる。	4月・同校初等科六年担任。（33歳）		◆当時中学の入試はほとんど全員が受けたが、ひとりの落伍もなく、一ぺんに全員が合格した。特に受験勉強は一時間も実施しなかった。国立中学に七人が受けて七人が合格した。国立中学ではおかしいと思って学校に調べにきた。校長に学籍簿を見せてもらって納得して帰ったという珍談もあった。

年度	1944 （昭和 19）	1945 （昭和 20）
教育界のなどの動き	2月・「国民学校令等戦時特例」公布。就学義務を満十二歳までとする。 6月・「一般疎開ノ促進ヲ図ルノ外、特ニ国民学校初等科児童、疎開ヲ強度ニ促進スル」ことを閣議で決定する。	3月・B29東京大空襲。 3月・閣議で「決戦教育措置要綱」を決定し、国民学校初等科を除き授業を一年間停止する。 5月・「戦時教育令」公布。 7月・「ポツダム宣言」発表。 8月・「ポツダム宣言」受諾、終戦。 9月・文部省「新日本建設の教育の方針」を発表する。 10月・「戦時教育令」廃止。 10月・東京の集団疎開児童、帰京を開始する。 ◇このころ、全日本教員組合（全教）と日本教育者組合（日教）が同時に結成準備を始める。 12月・全日本教員組合（全教）が結成される。
石橋勝治略歴（年齢数え年）	4月・同校初等科六年担任。 （34歳）	3月・長野県別所温泉へ集団学童疎開する。 ◇東塩田村の鈴子寮に、六年、四年、三年生を連れていく。 ◇村に頼るにも限度があり、寮生活であることから、寮を自治の組織にする。寮生活を成功させるために生産教育の計画を立てる。「さつまいも」「あわ」「きび」「トマト」「大根」「きゅうり」「にわとり」「山羊」などをつくったり育てたり、食べさせたりする。 11月・鈴子寮から引きあげる。 12月・杉並区の教員組合結成のために活動
	若杉国民学校時代	
執筆稿と転任と実践にまつわることども（丸付き数字は収録している巻）	◆石橋は翌年また六年を受け持たせられた。六年を続けて担任させられたのは、五年の父母会がどうしても石橋先生に担任を頼むと言ってきた。校長はやってくれないかと石橋に頼んだ。石橋は「受験のために担任するのはよくないぞ。」と言ったが、遂にやることにした。	◆若杉国民学校は、別所温泉に疎開した。石橋は鈴子寮の寮長となって寮の経営にあたることになった。寮の経営方針を「集団自治」で行った。 ◆農村寮であったので、石橋は、「生産教育」の経営を軸として行った。 ◆秋の生産物は、「さつまいも」をはじめ、たくさんとれた。 ◆石橋は寮に二十人が一ぺんに入れる風呂を作った。そのとき鉄板を風呂に使うため、東塩田村に駐屯している軍隊の中隊にもらいに行った。石橋は中隊長から「お前は自由主義者だ。鉄板はやれない。」と言われ、困って帰ってきた。そのあと、役場の助役さんに頼んで、「まじめな先生だから。」と、とりなしてもらって、やっと鉄板をもらってきた。石橋にとってどっきりしたひと幕であった。 ◆石橋は長野県の冬はたいへんだと思った。校長に、「冬の年を越すことはたいへんだ。冬越しをすべきでない。早く引きあげをすべきだ。」と言って、十一月十六日引きあげた。 ◆東京に引きあげてきた子どもたちを見ると、「鈴子寮の子どもたちは、顔色もよく太っていた。」ということで父母たちから喜ばれた。

年度	1945 （昭和20）	1946 （昭和21）
教育界のなどの動き	**全教方針「生活権獲得」。①子ども把握、②教育条件整備、③子ども自治会づくり。** 12月・東京都教員組合（都教）が結成される。 （四谷第六） 12月・GHQ、「修身」「日本歴史」「地理」の授業の停止指令をだす。	1月・GHQ、軍国主義者、国家主義者の公職追放指令をだす。 **1月〜4月・学校管理闘争。（戦前教育への批判→子ども集団による自治活動）①土浦、②小田原、③東京・綾瀬、④公立中等学校。** **全教方針** **①子どもの生活調査** **②子ども把握** **③民主教育実践（a、子ども自治による子どもの解放、b、問題解決能力の育成）。** 3月・第一次米国教育使節団が来日する。 4月・新選挙法下ではじめての衆議院選挙実施される。 4月・民主主義教育研究会（民教）が結成される。 4月・都教を東京都教育労働組合（都教労）と改称する。 5月・極東軍事裁判が開廷される。 5月・東京で食糧メーデーが行われ、五十万人が参加する。
石橋勝治略歴（年齢数え年）	をはじめる。 ◇友人の加藤将と二人で、組合結成に向けて活躍する。 （35歳）	4月・東京都四谷区四谷第六国民学校に転任。初等科五年担任。 ◇「全教組」「都教労」の闘争本部を昭和二十二年三月まで四谷第六に置く。 4月・戦後の日本でいちばんはやく、社会科の授業をはじめる。 ◇「おかゆ」「ぞうすい」「買い出し」を題材として行う。 5月・都教労四谷区教員組合の支部四谷第六分会をつくる。
	若杉国民学校時代	四谷第六国民学校時代
執筆稿と転任と実践にまつわることども（丸付き数字は収録している巻）	◆若杉国民学校の大貫校長は、十一月に疎開先から引きあげて間もなく、四谷第六国民学校に栄転した。若杉には反対に四谷第六の校長が入れかわりに着任した。 ◆その後、昭和二十一年三月に、この二人の校長が相談し、石橋は四谷第六国民学校に大貫校長に引っぱられて転任することになった。	

年度	教育界のなどの動き	石橋勝治略歴（年齢数え年）	執筆稿と転任と実践にまつわることども（丸付き数字は収録している巻）
1946 (昭和21)	5月・全教を全日本教育労働組合（全教労）と改称する。（四谷第六） 6月・全国教員組合大会開かれる。 6月・全教労を発展的に解消し、日本教育労働組合（日教労）が結成される。（四谷第六） 6月・GHQ、「地理」の授業再開についての覚書をだす。 7月・民教、「明かるい学校」創刊。 8月・「教育刷新委員会官制」（教刷委）公布、教刷委発足する。 9月・文部省、「くにのあゆみ」発行する。 9月・文部省、男女共学実施を指示する。 9月・教職追放、一、二八四名決定。 10月・文部省、儀式での「教育勅語」等奉読廃止通達をだす。 10月・最低生活権獲得全国教員組合大会（全教組）が組織される。（四谷第六） 11月・日本国憲法公布。 11月・全国女教員大会開かれる。（四谷第六） 11月・当用漢字、現代かなづかい告示。 12月・文部省、学校給食実施の通達をだす。（実施は、昭和二十二年一月から） 12月・全日本教員組合協議会（全教協）が結成される。	6月・日教労の中央委員となる。 6月・四谷第六の学校運営委員会を組織する。 7月・日教労の第一回中央執行委員会で、常任中央執行委員に選出される。 ◇学校の荒廃を改修し、復興させるために活動する。 ◇映画「子ども議会」を東宝映画と協力してつくる。 （36歳）	8、9月・『われら民主主義教室―「信濃町駅の教材と学習」「駅で働いている人の数」「信濃町駅の交通状況」』（週刊教育新聞13、15、17号）⑥
		四谷第六国民学校時代 ― 専従期間	
1947 (昭和22)	1月・GHQ、二・一ゼネスト中止命令をだす。	◇二・一ストではストライキ案をつくって、全教協の中央闘争委員会の秘密会議で検討し決めたが、実行せず、その後、組	

年度	1947 (昭和22)
教育界のなどの動き	3月・「全国少年協議会」結成大会が開かれる。（四谷第六） 3月・全教協、高橋文相と団体協約を正式に調印する。 3月・文部省、「学習指導要領一般編―試案―」を発行する。 3月・「教育基本法」「学校教育法」を公布、施行する。「国民学校令」などを廃止し、六・三・三・四制を新学期から実施する。 4月・新学制による小学校・中学校が発足する。 5月・日本国憲法施行。 5月・文部省、「教育基本法」制定の要旨について訓令。 5月・文部省、「学習指導要領社会科編」を発表する。 6月・日本教職員組合（日教組）が結成される。 6月・東京都教職員組合（都教組）が結成される。
石橋勝治略歴（年齢数え年）	合での中央活動をやめて職場にもどり、教育文化運動中心に活動するようになる。 2月・四谷第六で、少年協議会（全校自治会）をつくる。 ◇世界労連のルイ・サイヤン書記長が四谷第六の学校視察、調査に来校する。 ◇四谷第六の大貫校長を四谷第二中学校長に推せんし実現する。一方、四谷第六の長谷山教頭を同校の校長に推せんし実現する。 4月・新宿区四谷第六小学校の六年担任となる。 4月・文部省社会科教科書検定基準作成委員になる。（昭和二十六年三月まで） 4月・戦後はじめて本格的な社会科の授業を「東芝工場」「炭坑」などを題材として行う。 7月・四谷第六小が全国に社会科の公開授業を行う。 四谷第六国民学校時代 四谷第六小学校時代
執筆稿と転任と実践にまつわることども（丸付き数字は収録している巻）	2月・『少年協議会今後の展望』（週刊教育新聞39号）⑤

年度	1947 （昭和22）	1948 （昭和23）
教育界のなどの動き	8月・文部省、「あたらしい憲法のはなし」を発行する。 8月・GHQ、追放教員十一万名を発表する。 9月・社会科の授業が開始される。 9月・文部省、教科書検定制度の実施を発表する。 9月・カザリン台風襲来する。 11月・文部省、視学制度を廃止し指導主事の設置を通告。 12月・「児童福祉法」公布。 12月・日本民主主義教育協会（民教協）が結成される。機関誌を「あかるい教育」と改題する。	2月・文部省、教科用図書検定要領告示。 2月・都教組内申書闘争。 2月・民教協社会科部会、社会科教育に関する討論報告をする。 3月・第一回民主主義教育研究協議会を四谷第六小、西多摩小で開催する。
石橋勝治略歴（年齢数え年）	9月・四谷第六小の「わが校の学校経営計画」「わが校の社会科指導要録」「明かるい学校」誌に発表する。 ◇郡司宗知氏に協力して、東京都少年協議会の機関新聞「子どもの声」をつくる。 ◇全国父兄会を組織する。 ◇「校外自治会」を校下各地区を中心に組織する。 12月・民教協結成大会で、組織宣伝部長に選出される。 （37歳）	4月・同校一年を担任。 4月・文部省社会科教科書調査員になる。（昭和二十六年三月まで）
	四谷第六小学校時代	四谷第六小学校時代
執筆稿と転任と実践にまつわることども（丸付き数字は収録している巻）	**8月・あたらしい学校経営と教育実践（明かるい学校）** 9月・『社会科実践記録―郵便局―』（雑誌「明かるい学校」№4・9月号）⑥ **9月・座談会・公開授業を見て** **9月・学校経営計画** **9月・社会科指導要領** 10月・『社会科出発に当たって』（雑誌「生活学校」vol.2 №4）⑥ 10月・『社会科指導の実際』（明かるい学校社）⑥ 11月・『児童の現実と社会科指導計画』（雑誌「新しい教育と文化」第一巻1号）⑥ **11月**・『子どもは解放を求めているのだ』（雑誌「明かるい学校」№6・12月号）⑤ **12月・青森県の教育姿態見たまま（あかるい教育№7）**	1月・『水害をどう取扱ったか』（雑誌「明かるい学校」№7・1月号） 3月・『岩手問題の教訓』（雑誌「あかるい教育」№8・3月号）⑦ 3月・『社会科はいかにあるべきか』（民教協「教育ニュース」3号）⑥

年度	1948 （昭和23）	1949 （昭和24）
教育界のなどの動き	6月・衆参両院、「教育勅語」の排除失効の確認決議する。 7月・「教育委員会法」公布。都道府県、市町村に公選制教育委員をおく。 7月・「国民の祝日に関する法律」公布。 10月・「コア・カリキュラム連盟」発足する。機関誌「カリキュラム」創刊。 11月・教育委員会発足する。 11月・極東軍事裁判判決。 11月・文部省、小学校学籍簿に五段階相対評価法採用の通達をだす。 12月・「国家公務員法」を改正し、公務員のストを禁止する。 12月・国連総会で「世界人権宣言」を採択する。	1月・「教育公務員特例法」公布。
石橋勝治略歴（年齢数え年）	**6月・社会科単元のならび方　西多摩案を例として　今井誉次郎（あかるい教育No.11）** 10月・民教協第一回総会（日大講堂）で常任幹事に選出される。 11月・GHQのジュッペル大尉が四谷第六小の学校視察をする。 （38歳）	◇「教育復興綱領」を作る。教育復興綱領は、子どもたちの生活を守り、カスミルクではなく本当のミルクを、校舎を修理して学習できるように、学力の低い算数でなく二年生の算数を習わせたい。戦争すれば、いのちがとられる。また爆弾で苦しめられては困る。戦争
四谷第六小学校時代		
執筆稿と転任と実践にまつわることども（丸付き数字は収録している巻）	**5月・新教育の悩みを語る　座談会参加。司会宮原誠一（あかるい教育）** **8月・彼の横顔・石橋勝治（あかるい教育No.13）** 8月・『私たちの討論会』（国民図書刊行会）⑤ **9月・書評「子ども自治会の指導」読後感　金沢嘉市（あかるい教育）** **10月・子どもクラブの問題座談会（あかるい教育）** 10、11月・『科学的教育方法の確立』（雑誌「あかるい教育」No.15・10月号、No.16・11月号）⑦ 11月・『子ども自治会の指導』（社会書房）⑤ **11月・組織方針について（あかるい教育）** **11月・少年組織のあり方について　議長菅・討論に参加（あかるい教育）**	2月・『炭坑と私たち』（葛城書店）⑥ 2、3月・『人民のための学習技術』（雑誌「あかるい教育」No.17・2月号、No.18・3月号）⑦

年度	1949 （昭和24）
教育界のなどの動き	3月・文部省、教員の政治活動の禁止命令をだす。 5月・「教育職員免許法」「教育職員免許法施行法」「文部省設置法」公布。 6月・「社会教育法」公布。 6月・新制国立大学六十九校が発足する。 6月・「義務教育費国庫負担法施行令」公布。 6月・文部省、教員の政治活動の限界を発表する。 7月・下山事件（七月）、三鷹事件（七月）、松川事件（八月）が起こる。 7月・「歴史教育者協議会」が設立される。 7月・「教職員養成・教員検定等各審議会令」「教科用図書調査会令」公布。 9月・人事院、「政治的行為」に関する人事院規則を制定する。 9月・全国教育長会議で、「進歩的教員」の追放を決議する。 10月・「公安条例」発表。 10月・日教組、レッドパージに対し反対声明を発表する。
石橋勝治略歴（年齢数え年）	しないで平和で安心な世の中で暮らせるようにしたい。 石橋は、この要領を貫くためにたたかう。 4月・同校二年を担任。 7月・民教協で、「カリキュラム協議会」を開き、社会科の研究授業を行う。 ◇「おうちのどうぐ」の単元の中の「だいどころのどうぐ」の研究授業をする。 （39歳）
	四谷第六小学校時代
執筆稿と転任と実践にまつわることども（丸付き数字は収録している巻）	3月・『少年協議会活動』（雑誌「社会科教育」第9号）⑤ **4月・教室記録一年生（あかるい教育）** 4月・『私が新しい学級をもったら』（雑誌「あかるい教育」No.19・4、5月合併号）④ 5月・『コア・カリキュラムを批判する』（雑誌「社会科研究」第2巻5号）⑥ 5月・『海後勝雄氏の「コアの作業単元は如何にあるべきか」批判』（雑誌「カリキュラム」第5号）⑥ 9月・『夏休みから新学期初めの生活指導―高学年の場合』（雑誌「教育社会」第4巻9号）④ 9月・『一年生の教室記録』（社会書房）⑦ 11月・『生活カリキュラム批判―社会科学習の面から』（雑誌「教育社会」第4巻11号）⑥

年度	1949（昭和24）	1950（昭和25）	1972（昭和47）	1984（昭和59）	1994（平成6）
教育界のなどの動き	12月・湯川秀樹博士、ノーベル賞を受賞する。 12月・「私立学校法」公布。	1月・都教委、GHQの圧力下に人事刷新要項を可決する。 1月・米三軍首脳来日。日本軍事基地強化声明を発表する。 1月・「日本綴り方の会」発足する。 2月・東京都教育庁、進歩的教師、組合活動家、二百四十六名の整理を発表する。			
石橋勝治略歴（年齢数え年）		2月・学校を去る。 ◇東京都公立学校人事刷新要項をたてに、不当な弾圧をうけ、涙をのんで学校を去る。 7月・約十九年間にわたる教職経験を生かし、教材・図書・教具の出版社を設立する。（40歳）			**11月・逝去。（享年83歳）**
	四谷第六小学校時代				
執筆稿と転任と実践にまつわることども（丸付き数字は収録している巻）		1月・『平和への教育』（雑誌「6・3教室」4巻1号）⑦ 4月・『学級経営における最低のもの—私たちの学級経営』（雑誌「新日本教育」第1巻1号）④ 5月・『学級経営の方法』（新日本教育社）④	11月・『戦前戦後を貫く　民主教育実践の足跡』（日本標準）	**『石橋勝治著作集』全7巻、あゆみ出版より刊行。**	

あとがき

修士論文を書いてからもう三年。もう一度、自分が書いたものと向き合うことになった。序章に遠野小実践と四谷第六小実践を配置して、戦前と戦後の石橋実践を象徴させたり、大船渡小実践から遠野小実践への発展について「子どもへのまなざし」という新たな項を設けたり、戦後の授業実践についても「信濃町駅」や「水害」を一つひとつ丁寧に取り上げることができた。石橋の戦前・戦後を貫くものを明らかにすることで、四谷第六小学校での全校自治会の指導の課題にも迫れたのではないかと思う。

こうやって、石橋の実践に向き合っていると、何か他人事と思えなくなってくる。同時進行でまとめていた自分自身の実践と重なってくる部分を感じるのである。例えば「生活地位」に立たせること。私に「水族館」という実践がある。課題の大きい子が「魚つかみ」が得意だというので、一緒に魚取りをする。つかまえた魚を教室に水槽を置いて飼う。魚取りをするたびに水槽が増える。これは、その課題の大きい子を「生活地位」に立たせたということである。「水族館を開こうという生活地位」に。実践における生活綴方の位置づけも同じだし、石橋勝治の四谷第六小学校の全校自治会の取り組みと私の近江八幡市立島小学校での実践は、時代は大きく違うが響き合っているのである。

私は全生研で、生活指導として多くのことを学び、これらの実践をしてきた。石橋の実践は、この全生研の研究の一つの源流になっているのではないかという思いを、強くすることになったのである。石橋がレッドパージされて、教職を去ったのが一九五〇年。全生研は、特設道徳に抗して一九五九年に設立される。

一九五一年、無着成恭の「やまびこ学校」が発刊され、生活綴方再興の気運が高まっている中、行動を重視する生活指導は、一九五九年の全生研の設立を待たねばならなかった。この停滞は、石橋が教職を去ったことと、無関係ではない。

今回の仕事を通して、戦前と戦後の石橋の実践を見ていくことで、一続きの実践の中に、次の実践への発展の芽を見つけることができたし、その中に、初等教育段階からの「子どもを権利主体に育てる指導」の内実を、明らかにすることができた。しかしまだまだ、不十分さの残るものである。今後の研究に待ちたい。

まず、この仕事を終えるにあたって、梅原利夫先生、生源寺孝浩先生、新村洋史先生には、修士論文に対して貴重なご意見をいただいたことにこの場を借りてお礼申し上げたい。今回の仕事の中でご意見への応答を試みたが、これまた、不十分である。また、ご批判を賜りたい。

次に、この研究を支えてくださった大阪教育大学の福田敦志先生、深谷周平君をはじめとする福田ゼミの皆さんの、活発な討議に基づく批判・検討に感謝したい。

最後に、このような出版の機会を与えてくださった日本標準、並びに、私の共同研究者のようにこの出版に丁寧にかかわってくださった前田能成さんに、心よりお礼申し上げたい。

二〇二一年六月　　植田一夫

【著者略歴】

植田 一夫（うえだ　かずお）

1956年、滋賀県彦根市に生まれる。大阪青山大学特任准教授、大阪教育大学非常勤講師。大学を卒業後、彦根東高校定時制、長浜高校で社会科の非常勤講師。その後、島小学校など4校の公立小学校に定年まで勤務。大阪教育大学大学院教育学研究科学校教育専攻修了。全国生活指導研究協議会研究全国委員、子どもと自然学会理事。著書に『学校ってボクらの力で変わるね―子どもの権利が生きる学校づくり―』（2021年、高文研）、共著に『共同グループを育てる』（2002年、クリエイツかもがわ）／『心の叫びが届く』（2004年、クリエイツかもがわ）／『教師テキストシリーズ《特別活動》』（2008年、学文社）／『学びに取り組む教師』（2016年、高文研）など。

子どもを権利主体に育てる －石橋勝治の教育実践をもとに－

2021年6月10日　初版第1刷発行

著　者　植田 一夫
発行者　河野 晋三
発行所　株式会社 日本標準
〒167-0052　東京都杉並区南荻窪3-31-18
電話　03-3334-2640［編集］
03-3334-2620［営業］
https://www.nipponhyojun.co.jp/

印刷・製本　株式会社 リーブルテック

ISBN 978-4-8208-0709-4